LES

GRANDS INVENTEURS MODERNES

—

SÉRIE PETIT IN-8°

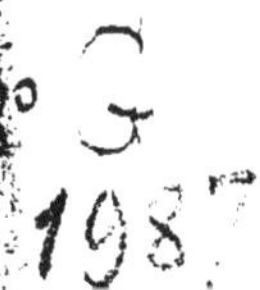

Un bureau télégraphique.

LES

GRANDS INVENTEURS

MODERNES

TÉLÉGRAPHIE

AMONTONS — CHAPPE — AMPÈRE — MORSE
BABINET — SUDRE

PAR

Mme LA Csse DROHOJOWSKA

(NÉE SYMON DE LATREICHE)

TROISIÈME ÉDITION

TOURS

ALFRED MAME ET FILS, ÉDITEURS

M DCCC LXXXII

INTRODUCTION

« Une circonstance honorable pour la France et sur laquelle on devra insister quand on fera l'histoire détaillée de la télégraphie électrique, c'est qu'après les noms de Volta, physicien italien, inventeur de la pile, et d'Œrsted, qui trouva l'action de la pile sur l'aiguille aimantée, les principaux savants dont les découvertes ont donné la possibilité de transmettre les signaux au loin sont français.

« Les travaux de MM. Ampère et Arago sur l'électromagnétisme font une partie considérable de leur gloire et de celle de l'Institut et de la France même. »

Dans ces lignes qui nous ont donné l'idée de réunir en un premier groupe d'*hommes utiles* les inventeurs, non seulement de la télégraphie électrique, mais de l'art télégraphique moderne dans son ensemble, M. Babinet a oublié de placer son nom à côté de ceux d'Ampère et d'Arago.

Nous comblerons cette lacune, et nous nous efforcerons de présenter un tableau aussi complet que possible d'une institution qui, après avoir été sous sa forme aérienne un des moyens d'action les plus puissants offerts aux gouvernements modernes, est devenue un précieux auxiliaire pour les relations commerciales et privées.

La télégraphie a été regardée comme une des plus belles inventions de notre époque, si fertile cependant en grandes découvertes, et il n'y a pas à s'en étonner : avant l'ingénieuse invention des frères Chappe, qui, en effet, eût pu concevoir la possibilité de mettre en communication en quelques minutes des hommes placés à des centaines de lieues de distance?

Certes, l'entreprise de Chappe tenait presque du merveilleux, et cependant telle est la supériorité de la télégraphie électrique sur la télégraphie aérienne, sa devancière, que presque au début de ce service, et avant que d'importantes modifications en eussent fait l'institution incomparable que nous voyons fonctionner sans surprise, sans admiration, tellement elle est passée dans le mouvement normal de la société contemporaine, Walker, chef des bureaux télégraphiques anglais, pouvait écrire :

« Considérée au point de vue des relations de peuple à peuple, de gouvernement à gouvernement, de famille à famille, d'individu à individu, la télégraphie électrique, en annulant les distances, comble un vide immense et devient un bienfait vraiment providentiel et humanitaire; aussi cette invention a-t-elle une portée et une existence à part.

« Le télégraphe électrique, en effet, ne peut être remplacé par rien; il fait ce que la poste ne peut faire; il distance les pigeons voyageurs; il va plus vite que le vent; il arrache le sablier des mains du Temps; il efface les limites de l'espace.

« ... Si nous pouvions soulever le voile des secrets que nos rapports avec le public nous obligent de garder sur la correspondance dont on nous fait les dépositaires, il y aurait de quoi remplir plusieurs volumes d'anxiétés domestiques calmées par la télégraphie électrique; car c'est surtout dans les circonstances graves et soudaines que le public a recours à nous, comme on a recours au médecin en cas de maladie. Ces anxiétés ont quelquefois un sujet comique; d'autres fois elles sont excessivement pénibles.

« Que d'objets oubliés ou perdus les voyageurs du chemin de fer ont retrouvés au moyen du télégraphe! Que de criminels découverts ! que de vols prévenus! que de spéculations mauvaises arrêtées à temps! que de marchés conclus! que d'accidents évités!

« La liste dressée par catégories de sujets aux bureaux télégraphiques peut seule donner quelque idée des diverses espèces et de la multiplicité des services rendus par le télégraphe.

« En jetant les yeux sur cette liste, on est tout d'abord frappé de la confiance du public. En effet, pour se décider à adresser à un parent, à un ami très intime un message rempli des plus secrètes pensées du cœur, et pour confier ce message à des mains étrangères, à des hommes qu'on n'a jamais vus, dont on ne sait même pas le nom, il faut avoir une foi absolue et une immense confiance dans l'administration qui emploie ces hommes et se porte garante de leur discrétion et de leur honorabilité !

« Et qu'on ne nous dise pas que la même confiance est en tout pays acquise à la poste : ces deux institutions, au point de vue de la forme et des dangers de l'indiscrétion, ne sont pas comparables.

« L'employé de la poste ignore les joies et les douleurs qu'il transmet ; il en est tout autrement avec le télégraphe : ses agents sont dans la confidence du public ; ils connaissent les nouvelles qu'ils sont chargés d'envoyer, celles qu'ils apportent ; on ne peut rien leur dissimuler ; et ce qui prouve que les abus de cette confiance sont rares, sinon même sans exemple, c'est le nombre progressif des dépêches télégraphiques privées. »

Peut-être, avant d'aborder notre sujet, c'est-à-dire les biographies au moyen desquelles nous comptons esquisser l'histoire tout entière de la transmission à distance de la pensée humaine, ferons-nous bien de nous arrêter quelques instants en présence de cette force de la nature si longtemps méconnue ou négligée, et dont les applications se sont tout à coup révélées et tendent à se multiplier de façon à produire une étonnante variété d'effets.

Nous nous demandons dès à présent : — Qu'est-ce que l'électricité ?

Après nous avoir fait judicieusement observer qu'il y a « en général trois manières de définir : par étymologie, par énumération, par théorie », un savant et spirituel vulgarisateur, M. Babinet, va nous répondre en employant ces trois manières.

« L'électricité, nous dit-il, a emprunté son nom de la substance appelée par les Grecs *électron*, par les Latins *succin* et par les Arabes *carabé*.

« Le succin ou ambre jaune est une résine fossile qui, comme toutes les résines, s'électrise par le frottement.

« Si le lecteur veut bien prendre un bâton de cire à cacheter ordinaire et le frotter sur une étoffe quelconque en allant toujours dans le même sens, il verra que ce bâton ainsi électrisé attire fortement les fils ordinaires et les corps légers dont on l'approche.

« Cette propriété était connue dans l'école de Thalès cinq ou six siècles avant notre ère. C'est seulement dans le siècle dernier que l'on découvrit que l'action d'un corps électrisé pouvait être transmise au loin par un fil métallique convenablement supporté et isolé. L'expérience est de Gray et de Wheler.

« Définir l'électricité par l'énumération de ses effets serait une tâche bien vaste aujourd'hui, où l'on a reconnu qu'il n'est à peu près aucun phénomène de la nature vivante ou morte, — dans l'atmosphère, sur la terre, sur les mers, — où son action ne vienne se mêler, sans compter les orages de foudre où l'électricité joue le principal rôle. Disons seulement, en ce qui se rapporte à notre sujet, que l'électricité, quelle que soit sa nature ou son origine, est susceptible d'être transmise à toute distance le long des fils métalliques, et qu'elle s'y propage avec une rapidité presque infinie.

« Enfin, si nous voulons définir théoriquement l'électricité, nous concevrons cet agent comme un fluide extrêmement léger, susceptible de se répandre, de *couler,* pour ainsi dire, le long des corps conducteurs, de manière à en atteindre instantanément les extrémités les plus éloignées par une espèce de courant dont l'écoulement donne naissance à des actions mécaniques, physiques, physiologiques, en traversant les différents corps.

« Au milieu du siècle dernier, la commotion nerveuse produite par l'appareil nommé bouteille de Leyde appela l'attention du public sur l'électricité agissant sur l'homme et sur les animaux, et la locution *se faire électriser* indique encore l'effet de cette expérience sur l'homme. Plus tard, Franklin ayant soutiré l'électricité des nuages et aimanté les paratonnerres, l'attention resta fixée sur cette branche importante de la science.

« Tout à la fin du dernier siècle, Volta, en empilant plusieurs disques de deux métaux différents séparés par des disques non métalliques, mit au jour un appareil merveilleux, qui non seulement produit de l'électricité, mais qui la renouvelle continuellement dès qu'elle s'est écoulée par un fil métallique.

« Voilà notre courant télégraphique : un appareil de Volta, une pile électrique à Paris, étant armée à sa partie supérieure d'un fil de fer ou de cuivre qui va porter l'électricité jusqu'à Marseille, par exemple, produit un courant continu, allant de la première de ces villes à l'autre, en sorte que si l'on avait un moyen de savoir quand le courant passe ou ne passe pas par le fil, on pourrait en lançant ou arrêtant le courant électrique faire des signaux à Marseille, et cela instantanément.

« Or c'est précisément ce que nous pouvons faire au moyen de la découverte d'Œrsted, physicien danois, qui, en 1820, trouva que quand on fait parcourir un fil métallique à un courant parti d'une pile de Volta, il annonce son passage en agitant une aiguille aimantée placée près du fil métallique, et le long de celui-ci. Pour faire donc un signal de Paris à Marseille, nous aurons près de l'extrémité du fil qui est dans cette dernière ville une aiguille aimantée, et, par le mouvement qu'elle prendra quand nous enverrons le courant, nous aurons le signal de Paris. Pour faire de ces signaux un véritable alphabet, nous conviendrons que les lettres A, B, C, etc., seront représentées par un certain nombre de mouvements à droite ou à gauche.

« Tel est le fondement et la manière de procéder du télégraphe dit *télégraphe anglais,* parce qu'il fut d'abord et presque exclusivement employé de l'autre côté de la Manche. La première indication de ce télégraphe fut donnée par l'illustre Ampère, ainsi que nous le verrons plus tard.

« ... Après Volta, qui trouva la pile électrique et son courant; après Œrsted, qui découvrit l'action du courant sur l'aiguille aimantée, viennent les travaux d'Arago, qui reconnut que le courant produisait des aimants très énergiques par son action sur des barreaux de fer entourés de fils conducteurs de l'électricité.

« Une fois en possession de cette énergique action, la télégraphie électrique a tout osé! Elle a fait parcourir à des aiguilles analogues à des aiguilles de montre les divers points d'un cadran où sont écrits les lettres et les chiffres que l'on veut indiquer à son correspondant. Ce que le courant fait à Paris, il le fait à Marseille, et l'indication du cadran de Paris se répète fidèlement à 1000, à 2000, à 3000 kilomètres. Bien plus, comme l'aimant instantané produit dans l'expérience d'Arago peut être rendu plus ou moins énergique à volonté, on peut développer assez de force pour faire imprimer les lettres qu'on a amenées devant le papier à dépêches, ou bien on peut marquer sur ce papier des points, des traits, des combinaisons de ces deux signes, soit avec de l'encre, soit à la pointe sèche, en rayant, en perçant le papier; en un mot, l'action de l'aimant, qui peut tirer, pousser, frapper, presser, etc..., doit être considérée comme l'action d'une main que l'on pourrait tendre de Paris à Marseille, ou de New-York à la Nouvelle-Orléans, c'est-à-dire à plusieurs mille kilomètres de distance.

« On peut aisément imaginer que les premiers principes de Volta, d'Œrsted, d'Arago, une fois livrés au public, la spéculation industrielle s'en empara et épuisa tout ce que le génie de l'homme, activé par la beauté du sujet et le mobile de l'intérêt, peut inventer de plus ingénieux et de plus utile.

« Ce serait la matière de plusieurs volumes que d'essayer de faire connaître, même sommairement, tout ce qui a été fait en ce genre et tout ce qu'on y ajoute journellement.

LES

GRANDS INVENTEURS MODERNES

TÉLÉGRAPHIE

I

AMONTONS (Guillaume)

(1663-1705)

I

Issu d'une ancienne famille de Normandie, et né à Paris le 31 août 1663, Guillaume Amontons, fils d'un avocat distingué, était destiné à suivre la carrière de son père.

Un de ces événements imprévus qui si souvent viennent déconcerter les plans les mieux combinés, tourna les idées et les études du jeune homme d'un tout autre côté.

Pendant qu'il faisait sa troisième, il fut atteint d'une maladie grave qui mit ses jours en danger et fut suivie d'une très lente convalescence. Il recouvra la santé, mais conserva pour le reste de ses jours une surdité presque complète.

Cette infirmité, qui anéantissait tous ses projets d'avenir, qui brisait en quelque sorte sa vie, fut acceptée comme un malheur irréparable, mais avec résignation, par le jeune étudiant.

« On assure même qu'il ne voulut jamais faire de remèdes pour sa surdité, soit qu'il désespérât d'en guérir, soit qu'il se trouvât bien de ce redoublement d'attention et de recueillement qu'elle lui procurait, semblable en quelque chose à cet ancien qui se creva, dit-on, les yeux pour n'être pas distrait dans ses méditations philosophiques. »

Quoi qu'il en soit, privé de la faculté de puiser aux sources pures de l'érudition et de l'éloquence en suivant les cours des maîtres de la parole; privé de toute communication directe avec les anciens compagnons de son enfance et de ses études; forcé de chercher et de trouver en sa propre intelligence, en sa propre imagination, les aliments nécessaires à entretenir son immense besoin de savoir, Amontons ne se découragea pas, et, ce qui est plus remarquable, son esprit ne se froissa ni ne s'aigrit.

Il se replia sur lui-même, il réfléchit, chercha et découvrit enfin la voie dans laquelle étaient appelées à se développer les aptitudes particulières dont il était doué; aptitudes qui très probablement auraient été perdues pour lui et pour la science, sans l'*heureuse maladie* dont les suites avaient décidé de sa vie.

Nous disons *heureuse maladie*, et nous insistons sur cette association de mots, toute paradoxale qu'elle paraisse; ce n'est pas nous, d'ailleurs, qui en avons eu l'idée; c'est Amontons lui-même qui bien des fois s'en servit, en se félicitant de la rude mais utile façon dont il avait été conduit à abandonner la vie bruyante et agitée du monde, et à se réfugier dans la solitude et le silence. Là, autant pour se créer une distraction que pour obéir à un attrait naturel, mais jusque-là étouffé, il tourna le rare esprit d'observation dont il était doué vers la science toute nouvelle pour lui, et alors d'ailleurs très peu avancée, de la mécanique.

« Dès lors, dit Fontenelle, n'étant plus qu'à lui-même et livré aux pensées qui sortaient du fond de la nature, il commença à songer aux machines. Il entreprit d'abord la plus difficile de toutes, ou plutôt la seule impossible, je veux dire le mouvement perpétuel, dont il ne connaissait ni l'impossibilité ni la difficulté.

« En y travaillant, il s'aperçut qu'il devait y avoir des principes dans cette matière, et qu'à moins de les savoir on y perdait son temps et sa peine. Il se mit donc à étudier la géométrie, quoique, selon la coutume de toutes les familles, la sienne s'y opposât, et sans doute avec assez de raison, si on ne regarde les sciences que comme un moyen d'arriver à la fortune. »

Bientôt cette étude de prédilection devint pour Amontons une de ces passions irrésistibles qui ne connaissent pas d'obstacles et que rien ne rebute; s'appliquant aux mathématiques, il apprit le dessin, l'architecture, et fit preuve, dans ces diverses branches des connaissances humaines, d'une si grande supériorité que, malgré son infirmité, qui semblait devoir l'exclure de tout contact avec le monde, il fut appelé à occuper des postes importants dans plusieurs services publics.

Les nouveaux et précieux instruments dont la physique s'enrichit à cette époque, le baromètre, le thermomètre, l'hygromètre, attirèrent son attention. Il travailla à les perfectionner, et le résultat de ses observations et de ses recherches, consigné dans un mémoire resté célèbre [1], lui ouvrit les portes de l'Académie des sciences (1699), dont il fut un des plus infatigables travailleurs.

Encouragé par l'accueil fait à cette première publication, le jeune académicien se préoccupa de la solution de plusieurs questions de physique et de mécanique jusque-là négligées; il publia une *Nouvelle Théorie du frottement* dont s'émut le monde savant, et qui fit entrer dans une voie nouvelle l'art des constructions mécaniques.

Cependant la difficulté qu'éprouvait Amontons à communiquer avec ses semblables au moyen de la parole avait dû faire naître dans son esprit sagace et inventif l'idée de

[1] *Remarques et Expériences physiques sur la construction d'une nouvelle clepsydre, sur les baromètres, thermomètres et hygromètres.* — Paris, 1695.

chercher un moyen de suppléer au langage parlé par le langage des signes.

Cette première idée, toute personnelle et pratique, l'amena à rechercher ce qui, dans le passé, avait été fait en ce sens, et ainsi il fut conduit à donner à cet ordre d'études des proportions et une importance que bien certainement il n'avait pas prévues.

Ce ne fut plus seulement la substitution possible d'un langage mimé au langage parlé dans les relations ordinaires de la vie, ce fut l'antique question des communications à distance, entre individus et entre peuples, qui s'imposa à ses préoccupations.

Il ne lui fut pas difficile de constater que les besoins de communiquer entre eux avait dû se faire sentir aux hommes dès les temps les plus reculés.

Leur dispersion entraîna pour eux la nécessité de convenir de certains signes correspondant à certains besoins, à certains avertissements, et pouvant se transmettre à distance et rapidement.

Remontant alors le cours des âges, consultant tour à tour l'histoire et la tradition, le sagace et habile observateur put reconstruire l'ensemble de cette science qui avait eu autrefois une grande importance, et qui, négligée dans les temps modernes, était cependant destinée, selon lui, à jouer un rôle considérable dans la marche de la civilisation et à rendre d'incontestables services aux gouvernements.

Si le lecteur veut bien nous suivre, nous allons esquisser ici les traits principaux de cette étude, qui est la préface nécessaire de l'œuvre capitale d'Amontons : la création de la télégraphie moderne.

II

L'art de correspondre par signes à des distances éloignées fut pratiqué dans l'antiquité, surtout en temps de guerre, à l'aide de moyens tout à fait élémentaires. Le feu fut, paraît-il, le premier de ces moyens qu'on songea à employer.

Attacher une signification particulière à l'apparition de feux allumés sur des hauteurs et disposés de telle façon que cette signification peut s'étendre et se modifier à volonté, est une combinaison si naturelle qu'on la trouve encore pratiquée par la plupart des sauvages.

Les peuplades africaines, entre autres, se sont servies de temps immémorial et continuent de se servir de ce moyen, pour tenir, pendant leurs expéditions de guerre ou de chasse, la tribu au courant de leur marche. Les triomphes ou les défaites, le besoin de renfort ou l'époque du retour, sont ainsi annoncés sans avoir besoin de dépêcher des messagers que l'ennemi s'efforcerait d'intercepter, que des dangers ou des obstacles imprévus retarderaient souvent.

Les feux allumés sur des cimes convenues sont encore une dénonciation de guerre, un appel aux armes, non seulement employés par beaucoup de tribus indiennes, mais en usage dans quelques îles de l'Océanie.

Il y a là évidemment la trace d'une tradition commune à tous les peuples, et remontant probablement aux origines du monde.

Il est au moins certain que l'art de la correspondance par signaux a été connu et appliqué aux plus grandes époques des âges héroïques.

Lors de son départ pour la conquête de la toison d'or, Jason avait arboré sur son vaisseau des voiles noires ; il avait promis d'en substituer de blanches s'il réussissait dans son entreprise. L'enivrement du triomphe lui fit oublier cette promesse, et Égée, son père, trompé par cette négligence et croyant que son fils avait péri, se précipita dans la mer.

Dans la tragédie d'*Agamemnon*, Eschyle fait en quelque sorte l'historique de la télégraphie à son époque.

Au début de l'action Clytemnestre reçoit et communique aux chœurs, lesquels dans la tragédie antique représentaient le peuple, l'annonce de la prise de Troie.

Quel messager, se demande-t-on, a pu apporter ainsi sur des ailes rapides l'heureuse et grande nouvelle?

Clytemnestre répond :

« Des feux allumés sur l'Ida, la flamme messagère, a, de « fanal en fanal, volé jusqu'ici; de l'Ida au promontoire « d'Hermès à Lemnos, le sommet du mont Athos a reçu le « troisième signal; celui-ci, produit d'un immense flam- « beau résineux, voyageant sur la surface des eaux d'Hellé, « a doré de ses rayons le poste de Maciste, lequel, ne tar- « dant point à remplir son devoir, a allumé son fanal et « averti les gardiens du Messape aux bords de l'Euripe. Ils « y ont répondu en allumant un monceau de bruyères « sèches, dont la clarté, parvenant rapidement au delà « des plaines de l'Asope jusqu'au mont Cythéron, a con- « tinué la succession de ces *feux voyageurs*. Le garde de ce « mont a allumé un fanal, dont la lueur a percé comme « un éclair jusqu'au mont d'Égyplanète, au delà des ma- « rais de Corpogis, où les surveillants que j'avais placés « ont fait sortir d'un vaste bûcher des tourbillons de « flammes qui ont éclairé l'horizon jusqu'au delà du « golfe Saronique, et ont été aperçus du mont Arachné; « là veillaient ceux du poste le plus voisin de nous, qui « ont fait luire sur le palais des Atrides ce feu si long- « temps désiré. »

Nous pourrions multiplier les passages des écrivains grecs, historiens et poètes, sur ce sujet; il serait facile de croire, en lisant leurs œuvres, que la Grèce était couverte de flambeaux et de phares destinés à donner des signaux; leurs pyrses étaient de grands amas de matières combustibles dont on apercevait pendant le jour la fumée, et pendant la nuit la flamme.

Thucydide décrit des fanaux attachés au haut de longues perches, que l'on portait autour des villes assiégées et que l'on plaçait le long des chemins. On s'en servait surtout en temps de guerre, et on les employa notamment pendant celle du Péloponèse, lors du combat de Salamine.

Persée se servait aussi de ce moyen pour recevoir, en Macédoine, des nouvelles de toutes ses provinces.

Leschès de Lesbos fait mention d'une tour élevée sur le promontoire de Sigée, sur laquelle on allumait des fanaux, et Ptolémée Philadelphe en fit élever, dans le même dessein, de si hautes dans l'île de Pharos, que les feux placés sur leur sommet ne paraissaient avoir que la grandeur d'une étoile, bien qu'ils fussent d'un volume très considérable.

Philippe, lors de la guerre des Grecs contre Attale, fit placer des signaux ignaires sur toutes les montagnes de la Thessalie.

Enfin un Sidonien proposa à Alexandre d'établir une communication sûre et prompte entre tous les pays courbés sous son sceptre; il ne lui demandait que cinq jours pour lui donner des avis du lieu le plus éloigné de ses conquêtes dans l'Inde, jusqu'à la capitale de ses États héréditaires.

Alexandre regarda ce projet comme le rêve d'un cerveau en délire, et rejeta cette offre avec dédain. Mais, bientôt faisant réflexion aux avantages politiques et militaires qui résulteraient de la promptitude avec laquelle on pourrait donner des ordres et recevoir des avis utiles, le grand conquérant voulut interroger le Sidonien et expérimenter son système. On le chercha en vain : il avait disparu. Alexandre, assure-t-on, éprouva un véritable repentir d'avoir repoussé cette proposition sans l'avoir examinée.

Une des meilleures preuves de l'emploi fréquent et de l'importance des signaux chez les Grecs ressort de la quantité de mots relatifs à cet art qui existent dans leur langue.

Ainsi, *pharos* signifie phare; *pursos*, petit ou moindre feu; *phructos*, les signaux de torches; *phructôros* et *porscutès*, la sentinelle qui veillait à ces feux, et par leur moyen communiquait les avis; *phruôtâria*, le poste lui-même; *pursurguion* et *phructorion*, la place où il est situé; *phructôreô* et *purseuô*, verbe qui exprime l'action de veiller à ces avis et de les renvoyer; *purséia*, la dépêche elle-même.

Les signaux étaient divisés en *symbola* et *seméia*, c'est-à-dire signe sonore ou oral; les signes visibles, les signes sonores au moyen desquels on donnait le mot d'ordre; *synthemata,* les signes visibles qui se faisaient sans bruit par des mouvements de mains ou d'armes; *parasynthemata seméia* devaient désigner des drapeaux, des étendards.

Ces derniers détails indiquent que les Grecs avaient encore d'autres signaux que ceux donnés par le feu. Ils employaient le son, la fumée et les drapeaux.

Tel qu'il se présente dans le récit des historiens, ce système de signaux, quels que fussent les agents mis en jeu, ne pouvait satisfaire aux besoins d'une correspondance générale. Ils se bornaient à transmettre un petit nombre de signes ayant une valeur fixe et convenue à l'avance.

Ce n'est pas cependant qu'on n'eût essayé l'application des signaux ignaires aux lettres de l'alphabet; mais ces essais amenèrent des résultats trop imparfaits pour donner naissance à un art proprement dit.

Ainsi Rollin pense que la méthode grecque, améliorée tour à tour par Cléomène, Damocrite et Polybe, ne pouvait être appliquée qu'à une très faible distance, et par suite ne rendre que de très médiocres services.

Du reste, cette invention tomba promptement dans l'oubli; Polybe est le dernier qui se soit occupé et même qui ait fait mention du *télégraphe alphabétique.*

Le *télégraphe phrasique* continua à être le seul en usage. Les Carthaginois l'empruntèrent à la Grèce et le transmirent peut-être aux Romains.

Toujours est-il que le premier emploi de signaux dont il soit fait mention dans l'histoire de l'Europe occidentale s'applique aux tours d'observation élevées par Annibal en Espagne, sur lesquelles il faisait brûler des feux visibles à soixante-sept mille cinq cents pieds romains.

A partir de cette époque, on voit les Romains établir, partout où ils étendent leurs conquêtes, des moyens de communication rapides, et c'est à ce système qu'on doit en grande partie attribuer la puissance et la durée de leur autorité sur les peuples vaincus.

On rencontre encore sur certains points du midi de la France les restes de quelques-uns des postes élevés pendant la domination romaine pour servir à ces communications.

Les hautes tours d'Uzès, de Bellegarde, d'Arles, la célèbre tour Magne à Nîmes, n'avaient pas d'autre objet; l'Italie, l'Europe, la Syrie et l'Égypte, Antioche et Alexandrie, les provinces d'Afrique, étaient reliées par le même système, « et cette multitude de villes réunies sous un même empire : onze cent quatre-vingt-dix-sept en Italie, douze cents dans les Gaules, trois cent six en Espagne et cinq cents en Asie, formaient, du nord-ouest au sud-ouest, une ligne télégraphique de cinq mille six cents kilomètres. »

Cette façon de correspondre fut fréquemment employée au moyen âge. Le Portugal avait ses *vigies*, ou petites tours en bois au sommet desquelles flottaient des pavillons le jour et brûlaient des feux la nuit, de manière à transmettre presque instantanément, de la mer à Barcelone, l'annonce de l'arrivée des navires, et telles autres nouvelles importantes pour le gouvernement et le peuple.

Les Maures avaient établi un système analogue en Espagne. Les Anglais le pratiquaient également, ainsi que le prouvent les noms significatifs conservés par certains points du pays, notamment *Copirgalami* (colline de feu), tête de l'ancienne station télégraphique du pays de Galles.

Nous ne pousserons pas plus loin cette étude; nous dirons seulement que l'Asie ne demeura point en reste avec l'Europe. Chaque État de ce pays eut son système de télégraphes phrasiques, parmi lesquels celui du fameux Tamerlan était en même temps le plus concis et le plus expressif. Il s'en servait quand il assiégeait une ville, et trois signaux seulement le composaient.

Le premier consistait en un drapeau blanc, dont la signification était : « Rendez-vous : Tamerlan usera de clémence. »

Le second, qu'il faisait arborer le lendemain, était rouge. Il disait : « Il me faut maintenant du sang : le commandant de la place et ses principaux officiers payeront de leur tête le temps qu'ils m'ont fait perdre. »

Le troisième et dernier signal était un drapeau noir, et l'univers entier savait la signification de ce terrible emblème. « Il est trop tard pour la clémence : que la place se rende ou qu'elle soit prise d'assaut, tout sera mis à sac ; la ville sera détruite. »

Vers le commencement du XVIe siècle, la pensée abandonnée depuis Polybe de faire entrer l'art des signaux dans une voie nouvelle par la création d'un télégraphe alphabétique, fut tirée de l'oubli complet où elle était tombée. Malheureusement les tentatives qui eurent lieu ne purent avoir aucun résultat sérieux et pratique, par suite de la persistance que mirent ceux qui s'en occupèrent pendant cette période à en faire une des branches de cette science occulte alors en si grande vogue.

III

Il appartenait à Amontons de reprendre cette idée et de la faire entrer dans le domaine de la science mécanique.

C'est ce service rendu à la civilisation ou plutôt à l'humanité, car tout moyen de rapprocher les peuples est un pas de plus fait en avant dans la voie du progrès général, qui, bien qu'il n'ait pas eu de résultats immédiats, a rendu Amontons célèbre.

Ce ne sont pas, en effet, les découvertes et les améliorations que lui doit la science « qui lui ont servi de passeport pour le royaume de la postérité ». Tout importants et estimables qu'aient été ces travaux, ils ont été absorbés par le courant scientifique de l'époque, et la personnalité d'Amontons n'aurait jamais franchi les rudes frontières de la popularité, si « son nom n'était demeuré inséparablement uni à la solution de ce problème que l'antiquité avait cherché à résoudre sans y réussir : un système de signaux alphabétiques, établissant à distance une communication aisée, variée, complète; un langage ayant ses règles particulières, ses agents spéciaux et obéissants ».

Amontons est donc, on ne saurait le contester, le premier inventeur de l'art télégraphique tel qu'il fut employé avant l'application de l'électricité. Il est donc impossible de prononcer le mot télégraphe sans que le nom de ce savant vienne s'y ajouter en quelque sorte de lui-même, comme « la cause s'unit à l'effet ».

Nous laisserons à une voix plus autorisée, à un juge plus compétent, le soin d'apprécier l'invention du célèbre physicien, et c'est par un passage de l'éloge prononcé devant l'Académie des sciences, après la mort d'Amontons, que nous présentons au lecteur l'œuvre de celui-ci.

« Peut-être, dit Fontenelle, ne prendra-t-on que pour un jeu d'esprit, mais du moins pour un jeu très ingénieux, un moyen qu'il inventa de faire savoir tout ce qu'on voudrait à une très grande distance, par exemple de Paris à Rome, en très peu de temps, et même sans que la nouvelle fût sue dans l'espace d'entre-d'eux. Cette proposition, si chimérique en apparence, fut exécutée dans une petite étendue de pays, une fois en présence de Monseigneur, et une autre fois en présence de Madame; car, bien que M. Amontons n'entendît nullement l'art de se produire dans le monde, il était déjà, à force de mérite, connu des plus grands princes.

« Le secret consistait à disposer dans plusieurs postes consécutifs des gens qui, par des lunettes d'approche ou longues-vues, ayant aperçu certains signaux du poste précédent, les transmissent au suivant, et toujours ainsi de suite; ces différents signaux étaient autant de lettres d'un alphabet dont on n'avait le chiffre qu'aux deux points extrêmes.

« La portée plus ou moins grande des lunettes réglait la distance des postes, dont le nombre devait être le moindre qu'il fût possible; et comme le second poste faisait les signes au troisième à mesure qu'il les voyait faire au premier, la nouvelle se trouvait portée aux distances les plus grandes presque en aussi peu de temps qu'il en fallait pour faire les signaux au point de départ. »

Il y aurait lieu de s'étonner qu'une invention aussi simple et utile ait mis, après la mort de son inventeur, près d'un siècle avant d'entrer dans la voie pratique, si le caractère et la vie d'Amontons ne donnaient la clef de l'oubli où fut laissé si longtemps l'art dont il avait trouvé le secret. « Il avait, dit Fontenelle, une entière incapacité de se faire valoir autrement que par ses ouvrages, ni de faire sa cour autrement que par son mérite, et par conséquent une incapacité presque entière de faire fortune. »

Ce n'est pas cependant qu'il fût morose et triste, comme le sont trop souvent les sourds.

Son intelligence était trop cultivée, son esprit trop occupé et son cœur trop noble et trop généreux, pour que son humeur pût être défiante et inquiète. La simplicité et l'activité de sa vie, son complet désintéressement de tout ce qui ne se rattachait pas à ses chères études, et son ardeur passionnée pour la science, étaient les seuls mobiles de cette espèce de dédain dans lequel il tenait tout ce qui, de près ou de loin, ressemblait à de l'intrigue.

Comme Ampère, dont nous donnerons plus loin la biographie, et avec lequel il eut plus d'un point de ressemblance, il put, à la fin de sa carrière, se rendre ce témoignage « qu'il avait *vécu double* ».

Toutefois, et même « en comptant double », sa vie, si elle fut admirablement remplie, ne fut pas longue.

Doué d'une santé à l'épreuve, qu'il devait à sa grande sobriété et à la régularité de sa vie pour le moins autant qu'à la force de sa constitution, Amontons pouvait espérer encore une longue carrière de travail, lorsqu'à la suite d'un refroidissement il fut emporté en quelques jours par une de ces maladies aiguës qui sont d'autant plus dangereuses et terribles que le sujet qu'elles frappent est fort et robuste.

Il venait d'atteindre sa quarante-deuxième année. Malgré son infirmité, il s'était marié, mais tard. Il laissait une jeune veuve et une fille âgée de quelques mois seulement.

Amontons, bien qu'il n'ait publié que deux ouvrages, est parfaitement connu comme savant, grâce à la part active qu'il prit aux travaux de l'Académie des sciences. Il suffit d'ouvrir un volume de l'histoire de ce corps illustre, de 1699 à 1705, année de sa mort, pour y trouver son nom.

Nous extrayons de son éloge, prononcé par Fontenelle, les passages suivants :

« La place que cet académicien remplissait dans la compagnie était presque unique. Il avait un don singulier pour les expériences, des idées fines et heureuses, beaucoup de ressources pour lever les inconvénients, une grande dextérité pour l'exécution, et on croyait voir revivre en lui M. Mariotte, si célèbre pour les mêmes talents. Le public perd, par la mort d'Amontons, plusieurs inventions qu'il méditait sur l'imprimerie, sur les vaisseaux, sur les charrues... Ce qu'on a vu de lui répond que ce qu'il jugeait possible devait l'être; le génie de l'invention, naturellement subtil, hardi et quelquefois présomptueux, avait chez lui toute la solidité, toute la retenue et même toute la défiance nécessaires.

« Les qualités de son cœur étaient encore préférables à celles de son esprit : une droiture si naïve et si peu méditée qu'on y voyait l'impossibilité de se démentir, une franchise et une candeur que le peu de commerce avec les hommes pouvait conserver, mais qu'il ne lui avait pas données, etc. »

L'invention d'Amontons mourut avec lui, mais pour renaître avec le temps, quoique, disons-le immédiatement, sous une forme tellement modifiée que ceux qui la reprirent, les frères Chappe, purent en toute vérité prétendre au titre d'inventeurs.

N'en est-il pas ainsi pour presque toutes les œuvres humaines ? Quel art, quelle industrie a-t-on vus naître tout d'une pièce ? A bien chercher, on ne trouverait aucune grande invention qui n'ait été devinée, entrevue, préparée par plusieurs générations de savants ou d'hommes pratiques.

La première idée est née on ne saurait la plupart du temps dire où et quand. Elle a germé, s'est développée; des essais ont été faits, essais souvent informes, mais parfois, comme c'est le cas avec Amontons et ensuite avec Chappe, touchant tout d'abord à une sorte de perfection qui faisait de celui qui en était l'auteur un véritable inventeur.

Il peut arriver alors que l'homme qui a innové, ayant dépassé son siècle, sa mort apporte forcément un temps d'arrêt à son œuvre; mais le progrès suit sa marche ascendante : ce qui était hier une entreprise trop hardie, est aujourd'hui appelé à être compris, à entrer dans le domaine des faits.

A un moment donné, survient une nouvelle individualité qui, reprenant l'idée de ses devanciers, la modifiant, la complétant de façon à la mettre au niveau des besoins et des connaissances de son siècle, lui donne un corps, si l'on peut ainsi parler, et, au même titre, sinon même à plus juste titre que celui qui le premier l'a émise, peut en réclamer l'exécution comme une œuvre qui lui est propre.

Dans l'histoire de la télégraphie, cette vérité, nous le répétons, est particulièrement applicable, non seulement à Amontons et à Chappe, dont nous allons esquisser la vie et les travaux, mais à ceux qui viendront après eux apporter de nouveaux agents à la transmission de la pensée.

Disons toutefois qu'entre Amontons et Chappe une tentative de télégraphie fut faite qui mérite d'être mentionnée, bien qu'elle ait à peine laissé une trace fugitive dans l'histoire de cet art.

Ancien avocat au conseil du roi, attaché à l'ambassade de M. Girardin à Constantinople, nommé ensuite commissaire auprès du dey d'Alger, avec lequel il conclut la célèbre convention de 1677, qui, en nous rendant la libre navigation dans la Méditerranée, nous permit de reprendre nos relations commerciales avec le Levant, et fut appelé, en récompense de ses services, au poste de commissaire de la marine à Arles, Guillaume Marcel, que ses voyages et son séjour parmi les pirates barbaresques avaient porté à étudier la question des signaux, imagina un moyen de correspondance à distance dont le mécanisme n'est pas venu jusqu'à nous.

Désireux de placer sa découverte sous les auspices du roi, il se refusa à communiquer son secret, même à ses amis. Il en envoya l'exposé à Louis XIV et attendit.

« Son mémoire resta sans réponse. Marcel écrivit lettres

sur lettres aux ministres, mais Colbert n'était plus là... Fatigué d'attendre et dans un moment de désespoir, Marcel brisa sa machine et jeta au feu ses dessins... A quelques années de là il mourut, ne laissant ni plan ni description de ses instruments : son secret disparut avec lui. »

Marcel était le premier chronologiste de son temps ; sa mémoire tenait du prodige. D'après le *Journal des savants,* année 1678, il faisait faire l'exercice à tout un bataillon, nommant chaque soldat par le nom que celui-ci avait pris en défilant une fois devant lui.

Le même recueil nous apprend qu'il exécutait de mémoire une opération d'arithmétique, fût-elle de trente chiffres, et qu'il dictait à la fois à plusieurs personnes en sept langues différentes.

II

CHAPPE (Claude)

(1763-1806)

I

Claude Chappe et ses quatre frères, originaires du département du Cantal, étaient tous nés à Brûlon (Sarthe).

Leur père, mort en 1784, à Rouen, où il remplissait les fonctions de directeur général des domaines du roi, était le frère du célèbre abbé Chappe d'Auteroche, membre de l'Académie des sciences, qui fut envoyé, sous le règne de Louis XV, en Sibérie, pour observer le passage de Vénus sur le disque du soleil, et, six ans plus tard, dans le même but, en Californie, presqu'île alors inculte et presque déserte, où il mourut victime de son zèle pour la science (1779).

Claude, le second des fils Chappe, fut destiné à l'état ecclésiastique, et obtint, avant d'avoir accompli sa vingtième année, deux bénéfices, dont le revenu était assez considérable pour lui fournir les moyens de se livrer à sa passion pour l'étude des sciences.

Il s'occupa particulièrement de recherches sur l'électricité, et c'est à lui qu'on doit l'expérience des bulles de savon électrisées et remplies de gaz inflammables que l'on fait détoner dans l'atmosphère par leur contact, pour imiter l'effet des nuages électriques, et démontrer ainsi la théorie de la foudre par l'électricité.

La révolution arrêta Chappe dans ses travaux. Il perdit ses bénéfices et dut quitter Paris, où il n'avait plus les moyens de se soutenir, pour revenir à Brûlon dans sa famille.

Quatre de ses frères, dont trois avaient comme lui perdu la charge ou l'emploi qui les faisait vivre, l'y avaient devancé.

La famille Chappe était très unie, et c'est, disons-le en passant, à cette affection, à cette intimité, à cet appui réciproque, que ses membres durent de pouvoir mener à bien une œuvre dont l'un d'entre eux seulement eut la pensée, et dont tous s'accordèrent à poursuivre le succès.

Nous devons ici remonter de quelques années en arrière.

Élevé au séminaire d'Angers pendant que ses frères faisaient leurs études dans une pension située à deux kilomètres plus loin, Claude Chappe, « pour tromper les ennuis de la séparation et de la solitude, avait imaginé une manière de correspondre avec eux : une règle de bois tournant sur un pivot et portant à ses extrémités deux règles mobiles plus petites, tel était l'instrument qui leur servait à échanger quelques pensées. Par les diverses positions de ces règles on obtenait cent quatre-vingt-douze signaux, qu'il était facile de distinguer avec une longue-vue. »

Cette ingénieuse idée, considérée plus tard par eux comme un simple jeu d'enfant et presque entièrement oubliée, revint à la pensée de Claude, et en fit jaillir le plan d'une machine à signaux qui pût permettre au gouvernement de transmettre des ordres et de recevoir des avis à grandes distances et dans le moins de temps possible.

Il communiqua ce plan, avec toutes les conséquences qui, dans son esprit, devaient en découler, à ses frères, qui, tout en appréciant l'ampleur et la fécondité d'un génie inventif dont ils étaient accoutumés à admirer les inspirations, ne crurent pas cependant, du moins au premier abord, que du jeu imaginé autrefois par le jeune séminariste pût réellement sortir un système applicable à l'important mécanisme du gouvernement des peuples.

« Nous crûmes, écrivait plus tard Chappe l'aîné, à un

rêve d'imagination ; mais Claude persista et nous pria de le seconder, ce que nous nous empressâmes de faire. »

Il est des familles où le goût des sciences est un don, sinon héréditaire, du moins traditionnel; telle était la famille Chappe. Ce n'est pas sans étonnement qu'on rencontre réunis dans la même préoccupation d'abord, et bientôt après dans une œuvre commune, cinq frères possédant et mettant au service de cette œuvre de précieuses aptitudes, et, ce qui est plus rare, une de ces persévérances que les difficultés stimulent.

Après avoir donné au procédé dont le germe était dans sa pensée le nom de *télégraphe,* — de deux mots grecs qui signifient *décrire de loin,* — Claude entra résolument dans la voie des expériences.

« La première de ces expériences, nous apprend l'aîné de ses frères, fut celle du son obtenu en frappant sur deux casseroles; deux postes placés à quatre cents mètres l'un de l'autre furent mis en communication par deux pendules à secondes, parfaitement en harmonie, dont les cadrans divisés en dix parties représentaient les dix chiffres de la numération, de manière que lorsque l'aiguille d'un de ces cadrans était sur le chiffre que l'on voulait indiquer, on faisait entendre un son qui annonçait au poste correspondant, dont la pendule était en harmonie, que le chiffre indiqué par l'aiguille au moment du son était significatif.

« Ce moyen de correspondance, qui réussit fort bien avec deux postes et qui pouvait être très utile, par exemple, dans une ville assiégée, en employant le feu au lieu du son, présentait, avec un plus grand nombre de stations, des difficultés qui nous firent renoncer à ce système.

« Quelque temps après, nous essayâmes l'électricité. Le cabinet que possédait Claude, et que dans la suite il fut obligé de vendre pour subvenir aux dépenses qu'occasionnaient ses expériences télégraphiques, nous fournit le moyen de faire plusieurs essais à des distances plus ou moins grandes, qui n'offrirent que des résultats peu satisfaisants.

« Il fallut imaginer autre chose... Après différents essais, nous convînmes que, au lieu du son, nous emploierions la vue d'un objet qui, par son apparition et sa disparition, ferait connaître le moment où il faudrait marquer le chiffre indiqué par l'aiguille des deux pendules.

« Nous fîmes faire alors deux tableaux de forme rectangulaire : chacun de ces tableaux était haut d'un mètre soixante-cinq centimètres, sur un mètre trente-trois centimètres de large, et présentait deux surfaces, l'une blanche et l'autre noire ; il était fixé au haut d'un axe de quatre mètres élevé verticalement dans un grand châssis fait en charpente ; l'axe pivotait de sorte que les surfaces paraissaient et disparaissaient à volonté. Ces deux tableaux furent nos premiers télégraphes, bien différents de ceux qui existent maintenant[1].

« L'un de ces télégraphes fut placé sur la plate-forme du château de Brûlon, l'autre sur la maison de M. Perrotin, située commune de Parcé, à une distance de quinze kilomètres, et, au moyen des deux pendules à secondes dont nous nous étions déjà servis, nous fîmes de nouvelles expériences dont le succès nous donna l'espoir d'être utiles à notre pays.

« Les procès-verbaux qui furent faits sur les lieux par les autorités existent encore et sont entre les mains de la famille. Ces différentes expériences se firent dans l'espace de quinze mois ; elles exigèrent un travail opiniâtre et occasionnèrent des dépenses assez considérables qui furent supportées par la famille.

« Claude, muni de ces procès-verbaux, alla à Paris vers la fin de 1791, et, après bien des peines et des démarches, il obtint la permission d'établir un télégraphe sur un des pavillons de la barrière de l'Étoile, à gauche en sortant de Paris[2].

« Deux de ses frères le secondèrent et multiplièrent les expériences qui, de jour en jour, obtenaient plus de succès, lorsqu'un matin, en arrivant à l'heure accoutumée à

[1] Il est aisé de reconnaître, dans cet essai, l'idée première des signaux ou disques en usage sur les lignes de chemin de fer.

[2] L'arc de triomphe de l'Étoile n'existait pas alors ; à la hauteur qu'il occupe était la barrière flanquée des deux pavillons dont il est ici question.

leur télégraphe, les inventeurs ne trouvèrent plus ni appareils, ni charpente, ni instruments : tout avait disparu.

« Le concierge ne put ou ne voulut donner aucun renseignement, sinon que tout avait été enlevé pendant la nuit, à son insu et sans qu'il entendît rien.

« Nous dûmes nous contenter de cette déclaration et renoncer, pour le moment, à une entreprise qui nous avait coûté tant d'études, de temps et d'argent.

« Six mois après cet événement, dont les causes ne nous ont jamais été connues, l'aîné des frères Chappe fut envoyé au corps législatif par le département de la Sarthe. Claude, que l'enlèvement mystérieux de son télégraphe avait déconcerté, et qui aurait probablement abandonné sa découverte s'il n'avait pensé que son frère, venant d'être nommé député, pourrait lui être de quelque utilité, revint à Paris, où il fut autorisé à ériger un nouveau télégraphe dont la forme, qui n'était pas encore celle de nos machines actuelles, a servi de modèle au télégraphe anglais.

« Ce nouveau télégraphe, qui avait cinq voyants, fut construit dans le parc de Ménilmontant avec l'autorisation de M. Lepelletier de Saint-Fargeau. Ce nouvel essai coûta beaucoup à la famille et eut le sort du précédent. Un après-midi, en entrant dans le parc, les Chappe rencontrèrent le jardinier de M. de Saint-Fargeau, qui les guettait pour les empêcher d'aller plus loin :

« — On vient de mettre le feu au télégraphe, leur dit-il, et la foule est si furieuse que si vous étiez reconnus aucune puissance au monde ne sauverait votre vie : vous seriez jetés au milieu des flammes. »

« Le lendemain seulement nous eûmes l'explication de cette brutale destruction : quelques malveillants avaient donné à entendre que nos signaux télégraphiques avaient pour but de communiquer avec Louis XVI, alors au Temple, et il n'en avait pas fallu davantage pour ameuter le peuple et provoquer la ruine de notre appareil.

« Nous étions tous d'avis de ne plus hasarder notre temps, nos peines et notre fortune dans une entreprise vouée à tant de traverses; mais Claude, qui en avait eu l'idée, ne se découragea pas.

« Il demanda de l'argent à la famille, qui fit de nouveaux efforts pour lui en procurer, et ayant obtenu, par l'entremise de son frère, qui était membre du comité d'instruction publique, l'appui de Lakanal, président de ce comité, et organisateur en France de tout ce qui touchait aux sciences et aux lettres, il fut autorisé à renouveler ou plutôt à reprendre le cours de ses expériences.

« Cette fois il établit trois postes, à Ménilmontant, à Écouen (à 2 myriamètres de Paris) et à Saint-Martin du Tertre (15 kil. d'Écouen). Ce fut à ce moment qu'après de nombreux essais nous arrêtâmes la forme définitive du télégraphe, forme élégante et simple qui ne pourra jamais, croyons-nous, être changée sans nuire à l'art télégraphique. »

La pensée d'Amontons, — nous n'osons dire son œuvre, puisque les essais dont nous avons parlé avaient eu si peu de suite que la forme de l'appareil télégraphique adopté par lui est complètement ignorée, — la pensée d'Amontons avait enfin pris un corps; elle était entrée dans la voie pratique, et les Chappe, soit qu'ils fussent les héritiers et continuateurs de cette idée, soit qu'ils eussent obéi à une impulsion toute personnelle et sans aucun trait d'union avec ce qui avait été fait précédemment, pouvaient en toute vérité s'attribuer le titre d'inventeurs de la télégraphie.

Ils furent, en effet, les premiers à établir de longues lignes sur lesquelles on a pu transmettre toute espèce d'idées avec une célérité jusqu'alors inimaginable, et « s'ils eussent connu quelque moyen employé avant eux pour communiquer à une aussi grande distance et en si peu de temps, ils n'eussent pas fait tant d'essais, dépensé tant d'argent à chercher la forme la plus convenable à donner au télégraphe.

« On ne peut pas plus contester aux Chappe l'invention des télégraphes qu'on ne serait en droit de contester l'invention de la navigation aérienne à celui qui trouverait l'art de diriger la marche des ballons dans l'espace, bien qu'un grand nombre de personnes aient pensé que cette direction était possible, et que quelques savants audacieux aient multiplié les voyages aériens au gré des vents.

« Il n'est d'ailleurs nullement nécessaire, pour prendre légitimement place parmi les inventeurs, d'avoir eu la première idée de la chose produite. Il suffit de trouver les moyens d'exécuter ce qu'on ne connaissait auparavant que comme une chose possible, de faire revivre des inventions perdues et dont il ne restait pas de traces, de démontrer ce qui n'était encore qu'aperçu, ou de compléter et d'appliquer d'une manière nouvelle et importante une chose qui n'était connue qu'imparfaitement et dont on ne pouvait se servir.

« Descartes n'eut pas la première idée de l'application de l'algèbre à la géométrie : on trouve dans les ouvrages de Regiomontanus et dans ceux de Bombelli quelques problèmes de géométrie résolus par l'algèbre. Viete donna une méthode générale et régulière pour appliquer l'algèbre à la géométrie. Mais Descartes fit de cette méthode un usage si général et si étendu ; il lui donna, en l'appliquant à la théorie des lignes courbes, un usage nouveau si utile, qu'on le regarde comme l'inventeur de l'application de l'algèbre à la géométrie.

« Combien de savants avant Newton avaient eu l'idée de l'attraction générale ! Le docteur Hooke n'en avait-il pas indiqué quelques effets, et n'avait-il pas annoncé qu'il chercherait bientôt la proportion suivant laquelle cette force agit ? Cette proportion fut ce que Newton trouva.

« La fameuse découverte du calcul différentiel, que se sont disputée Newton et Leibniz, est la méthode de Barrow pour les tangentes, simplifiée et généralisée en l'appliquant aux courbes dont les équations ont des radicaux.

« Toutes les idées mères, quand elles ne sont pas dues au hasard, ont été préparées, amenées par la tradition ; ainsi la boussole, l'électricité, les aérostats, l'application de la vapeur comme force motrice, avaient été, ainsi que beaucoup d'autres découvertes modernes, désignées longtemps d'avance aux recherches de leurs inventeurs, lesquels n'en sont pas moins ceux qui leur ont en quelque sorte donné la vie en les adaptant, en les développant et en les liant aux idées accessoires dont elles avaient besoin pour prendre de la consistance et devenir utiles. »

Il n'y a donc pas lieu de s'étonner de la surprise, de l'indignation, du désappointement de Claude Chappe, quand il se vit tout à coup contester le mérite et l'honneur de sa découverte.

Mais nous n'en sommes pas encore à cette triste déception qui devait abréger les jours de Chappe. Nous en sommes, au contraire, au moment du succès, au moment du triomphe.

Le télégraphe est en mesure de fonctionner sur une première ligne établie entre Paris et Lille, et les inventeurs ont le rare bonheur de recevoir, pour première dépêche, la nouvelle de la prise de Condé sur les Autrichiens.

Cette dépêche arriva pendant une séance de l'assemblée nationale. La réponse qu'on y fit et un décret rendu séance tenante par l'assemblée pour changer le nom de *Condé* en celui de *Port-Libre*, furent expédiés par la même voie, et mirent si peu de temps à arriver à leur destination que les ennemis « crurent que l'assemblée siégeait au milieu de l'armée ».

II

A partir de ce moment jusqu'à celui où la télégraphie électrique, dont nous parlerons tout à l'heure, vint remplacer l'heureuse et utile invention de Chappe, les télégraphes aériens se multiplièrent de toutes parts. L'Europe, ou plutôt le monde civilisé, nous envia « ce service important et régulier des gouvernements modernes », et des efforts furent partout tentés pour imiter, sinon surpasser le système Chappe, qui, en dépit de cette concurrence, resta le meilleur, ou plutôt le seul réellement pratique, celui que tous les autres peuples durent adopter.

Une description de ce système offrirait ici peu d'intérêt, d'abord parce que, dans ses formes extérieures au moins, il n'est pas encore assez loin de nous pour être oublié. Qui ne se souvient, en effet, de ces bras gigantesques se déployant et s'agitant au sommet de nos monuments ou sur des tourelles élevées *ad hoc* aux points culminants placés par la nature entre les villes de quelque importance. De plus, un système plus complet, plus régulier, ayant été substitué, grâce au progrès de la science, à la télégraphie aérienne, celle-ci, bien que toujours très intéressante comme histoire et services rendus, l'est beaucoup moins au point de vue des détails de construction et de mécanique.

Nous préférons mentionner l'appréciation de l'œuvre de Chappe telle qu'elle se trouve dans le rapport décennal, du 6 février 1808, de la classe des sciences physiques et mathématiques de l'Institut.

« Le télégraphe, dit ce rapport, né en France, imité « aussitôt par tous les peuples voisins, est remarquable « sous deux points de vue : le premier comme moyen de « transmettre des signaux, et, dans ce cas, il présente fa- « cilité et simplicité dans l'exécution ; il est capable, par « sa force, de résister aux plus grands vents et se dessine « parfaitement dans l'atmosphère, où il peut devenir « visible pendant la nuit si on y adapte des feux ; enfin le « nombre des positions qu'il peut prendre est suffisant « pour donner une quantité considérable de signaux.

« Sous le second point de vue, le télégraphe est égale- « ment recommandable par la langue simple et néces- « sairement exacte à laquelle il a dû donner naissance.

« L'expression d'un mot ou même d'une phrase n'exige « qu'un signal, et la rapidité avec laquelle on le transmet « est, pour ainsi dire, égale à celle de la parole.

« Celui de MM. Chappe a successivement acquis toutes « ces qualités ; le levier moteur prend, sous la main et « dans l'instant, la forme et la position qu'on veut donner « à la partie extérieure, et cet instrument utile ne laisse « plus rien à désirer. »

Lorsque cet éloge de son œuvre était prononcé à l'Académie des sciences, Claude Chappe n'était plus là pour le recueillir et s'en féliciter.

Il avait succombé à la douleur de se voir contester la priorité de son invention.

Son frère aîné, qui, en 1798, avait été nommé, conjointement avec lui, administrateur des lignes télégraphiques en France, continua seul à exercer ces importantes fonctions, qu'il conserva jusqu'en 1823. Trois de ses frères, les mêmes qui avec lui avaient aidé Claude dans ses essais, restèrent placés sous ses ordres à la tête des principales divisions de ce service.

Ils avaient dépensé trente mille francs, somme considérable alors qui ne leur a jamais été remboursée, pour mener à bien les différentes expériences dont nous avons parlé, expériences dont le succès eût pu être une fortune pour eux s'ils eussent voulu mettre un prix à leur secret. Mais ils avaient une ambition plus haute que celle de s'enrichir : ils tenaient à se rendre utiles à leur pays, et ils firent hommage de leur découverte à la France, juste au moment où, fortement ébranlée au dedans et au dehors, attaquée de toutes parts et forcée d'attaquer à son tour tous les peuples qui l'environnaient, elle allait avoir besoin plus que jamais de moyens de communication rapides et sûrs.

« Il ne s'était jamais, en effet, présenté encore d'événements où la télégraphie eût une place aussi nettement marquée. »

La découverte de Chappe dut à ces circonstances d'être prise en considération. On l'exhuma des cartons dans lesquels on l'avait ensevelie depuis plus d'une année, et où elle serait restée probablement à l'état de projet.

« On saisit avec empressement le moyen d'établir des communications qui permettaient de concerter les mouvements de ces innombrables bataillons qui s'étendaient du nord au midi de l'Europe; de faire agir simultanément le million d'hommes dispersés sur un immense espace et qui purent croire, grâce à la nouvelle invention, qu'ils étaient réunis sous le même regard, entre les mêmes mains. »

Le service rendu par Chappe et ses frères était indiscutable; leur désintéressement ne l'était pas moins. Quelle récompense obtinrent-ils ?

Après trente-neuf ans de services dévoués pendant lesquels ils ne cessèrent de travailler au perfectionnement du système imaginé par leur frère et devenu leur œuvre collective, ils furent renvoyés du service télégraphique, victimes des événements politiques auxquels ils n'avaient pris aucune part [1].

Ce déni de récompense, et souvent de justice, que les inventeurs rencontrent généralement, serait de nature à entraver le développement scientifique et industriel, si par bonheur l'homme qui poursuit un progrès, qui est pénétré d'une idée, ne possédait en lui-même « ce feu sacré » capable d'enfanter des prodiges, et dont le premier et le plus heureux effet est d'imposer silence à toute espèce de calculs d'intérêt personnel.

III

La télégraphie fut regardée dès sa création comme une des plus belles découvertes du XVIIIe siècle; cela devait être. Avant l'établissement en France de la première ligne télégraphique, on ne se faisait pas l'idée de la possibilité de mettre en communication, en moins de quinze minutes, des hommes placés à cent myriamètres de distance.

Les frères Chappe eux-mêmes ne se lassaient pas d'admirer la célérité avec laquelle une dépêche passait à sa destination, et ne cessaient pas d'en être surpris.

Cette admiration et cette surprise toutefois ne les empêchaient pas de reconnaître les inconvénients de leur système, inconvénients dont le principal consistait dans les phénomènes météorologiques qui, pendant les deux tiers au moins de l'année, empêchaient la communication entre les stations.

Persuadés avec raison qu'ils avaient donné à leur invention tout le perfectionnement dont elle était susceptible, ils pensaient cependant qu'un système plus parfait pouvait

[1] Le dernier des Chappe fut destitué en 1830.

être substitué au leur, moyennant l'emploi de certaines forces naturelles que la science était justement en voie d'utiliser. Ils eurent une vague idée de l'emploi possible de l'électricité. Chappe l'aîné et son frère le plus jeune, le premier dans son *Histoire de la télégraphie* publiée en 1822, et le second dans une note très remarquable que nous reproduisons ci après, qui est jointe à l'édition de 1840 de l'ouvrage de son frère, mentionne, sans s'y arrêter toutefois, le *télégraphe galvanique* comme devant, si jamais il entrait dans la pratique, *réaliser le système le plus parfait de télégraphie.*

L'acoustique attira également l'attention de René Chappe, qui, dans sa retraite près du Mans, employa ses loisirs aux essais dont lui-même va donner la relation sous ce titre :

« *Observations sur les télégraphes aériens et Notes sur des expériences qui peuvent faire croire à la possibilité de remplacer le télégraphe aérien par un télégraphe acoustique ou par un télélogue.* »

Les lignes suivantes furent publiées, le 26 septembre 1839, dans le journal *le Temps.*

« Les chemins de fer, en donnant les moyens de parcourir de très grandes distances en très peu de temps, *rendront bientôt inutiles* les télégraphes aériens, surtout dans un rayon de trente myriamètres de la capitale; car il n'y a pas de doute qu'une dépêche destinée pour Lille ou pour Tours, remise en hiver à cinq heures du soir au chemin de fer et au télégraphe, parviendra à sa destination bien plus promptement et bien plus sûrement par le chemin de fer que par le télégraphe.

« Ce fait se produira même très souvent en été.

« Pour les distances plus éloignées, je suis persuadé que, pendant neuf mois de l'année, les voitures de chemins de fer auront l'avantage sur les télégraphes aériens... Le gouvernement devrait donc, ce me semble, profiter de l'établissement des chemins de fer pour faire construire ces lignes télégraphiques avec lesquelles il pût communiquer, à quelque distance que ce fût, nuit et jour et aussi promptement qu'avec les télégraphes aériens, sans craindre d'être arrêté par les brouillards ou les pluies.

« Ces lignes, que j'appellerais *acoustiques*, coûteraient peut-être plus cher que les lignes aériennes ; mais la dépense serait si minime en comparaison de celle qu'occasionne l'établissement d'un chemin de fer, que je suis persuadé que la compagnie qui obtient la concession de ce chemin ferait volontiers établir la ligne acoutisque, surtout sachant que le matériel de cette ligne, s'il était mis hors d'usage, ne perdrait pas plus d'un quart de sa valeur.

« Ayant calculé que sur les huit mille sept cent soixante heures qui composent l'année, il y a au plus deux mille cent quatre-vingt-dix heures pendant lesquelles on peut communiquer avec le télégraphe aérien, et encore ces heures sont-elles entremêlées de brouillards, de pluies, d'orages, de dérangements de machines, d'absences de stationnaires, qui interrompent à chaque instant le passage des signaux, j'ai voulu m'assurer par moi-même si les expériences faites par le savant M. Biot, sur la propagation du son à travers les corps opaques, donneraient l'espérance de pouvoir établir une correspondance à grande distance.

« En conséquence, j'ai fait placer dans un bois, près de ma campagne, une longueur de quatre cents mètres de tringles de fer, de six millimètres de diamètre, jointes ensemble au moyen d'un ajustage assez mal fait et maintenues par des goupilles en fer ; ensuite j'ai frappé à l'un des bouts, avec la pointe d'une épingle, un coup qui a été parfaitement entendu à la distance de trois cents mètres. Mais ayant cru reconnaître que le son perdait de son intensité à raison du carré des distances, j'ai pensé que le même coup, sans être plus fort, pourrait être entendu beaucoup plus loin en donnant quinze millimètres de diamètre aux barres de fer... ; l'essai justifia mes prévisions. Je fis successivement prolonger mes barres de fer jusqu'à mille cinq cents mètres de distance, et un coup frappé à une des extrémités avec un fil de fer d'un millimètre de diamètre fixé au bout d'un morceau de bois de treize millimètres de long et de sept millimètres de diamètre, que je laissai tomber de la hauteur de cinquante-quatre millimètres, fut parfaitement entendu à l'autre extrémité... Je n'ai pas poussé plus loin cette expérience.

« Il faudrait maintenant savoir si dans des proportions plus grandes la vibration occasionnée par le coup ne serait point un obstacle à ce que chaque coup fût bien distinct. En ce cas et étant donné, comme le dit M. Biot[1], que le coup d'un marteau, le son d'un timbre et même la voix la plus basse, s'entendissent à la distance de 950 mètres, de manière à distinguer les paroles d'une conversation suivie, il serait facile d'établir un télégraphe acoutisque ou télélogue auquel aucun télégraphe ne pourrait être comparé, sauf le *télégraphe galvanique*.

« Les aveugles pourraient être employés à ce système de télégraphie, comme on pourrait, si on voulait, employer les sourds dans la télégraphie aérienne[2]. »

IV

L'invention de Chappe ne resta pas pour la France un privilège exclusif.

Les autres nations s'emparèrent de l'idée et du système, et bientôt l'Europe et les États-Unis eurent leurs tours, leurs poteaux, leurs signaux.

On imagina, on rivalisa d'essais et d'efforts; mais sans trouver nulle part de combinaison plus simple, de système plus complet.

Le télégraphe Chappe resta, jusqu'au dernier moment de la télégraphie aérienne, le type modèle.

Parmi les gouvernements qui s'empressèrent d'accueillir la découverte de Chappe et d'adopter son système, nous

[1] Rapport à l'Académie des sciences.

[2] Les frères Chappe en firent entrer un au télégraphe de Fleury, près d'Auxerre; ce fut un des meilleurs fonctionnaires de l'administration.

devons mentionner en première ligne l'Égypte. Méhémet-Ali, alors à l'apogée de son pouvoir, voulut doter son pays « de cette nouvelle conquête de la civilisation ». Il chargea un ingénieur français, M. Abro, de mettre en communication Alexandrie et le Caire.

M. Abro commanda en France tous les appareils nécessaires, et, avec le concours de M. Coste, un des ingénieurs du gouvernement égyptien, il fit élever les tours, organisa les signaux et disposa les lunettes d'approche.

Cette ligne ne tarda pas à fonctionner ; en quarante minutes, et au moyen de dix-neuf stations, on recevait les nouvelles d'une ville à l'autre.

Nous avons vu les frères Chappe, préoccupés de l'impuissance du télégraphe pendant l'obscurité et le brouillard, chercher le moyen d'obvier à cet inconvénient et faire à ce sujet des essais d'électricité et d'acoustique.

Ils comprirent bientôt, et le monde savant comprit avec eux, que ce n'était pas, pour le moment du moins et en l'état de la science, en modifiant le mode de transmission, mais en le complétant, qu'on devait poursuivre ce but.

On pensa à combiner des fanaux de manière, non pas à servir eux-mêmes de signaux, mais à éclairer les mouvements du télégraphe.

Des essais nombreux furent faits en ce sens, et il est probable que la question de la *télégraphie nocturne* n'eût pas tardé à être réalisée si, sur ces entrefaites, les recherches des savants et des inventeurs, les encouragements des gouvernements, et surtout peut-être l'attention publique, n'avaient été détournés de la télégraphie aérienne pour se reporter vers la télégraphie électrique.

C'est dans un pays où la rigueur de la température devait, ce semble, augmenter les difficultés des signaux de nuit, que ces essais furent poussés le plus loin et aboutirent à un résultat pratique ; ce sont encore des noms français qui s'attachent à ce progrès de l'art télégraphique.

Haüy, le célèbre éducateur des aveugles, avait cherché, sans y réussir, à introduire en Russie des signaux télégraphiques imaginés par lui ; plus heureux et plus expérimenté, un des collaborateurs des frères Chappe, M. Chatau, destitué en 1830 en même temps que le dernier des Chappe, établit en Russie deux lignes de télégraphie aérienne, l'une de huit postes, entre Saint-Pétersbourg et Cronstadt, ouverte en février 1834, et l'autre de cent quarante-huit postes, entre Saint-Pétersbourg et Varsovie, inaugurée en mars 1838.

Cette dernière ligne, à laquelle M. de Barante et le général Lamoricière ont rendu témoignage comme excellence d'installation et de parfaite organisation de service, était la plus étendue de l'Europe. Elle parcourait douze cents kilomètres.

Son organisation, comme du reste tout ce qui, en Russie, appartient au gouvernement ou à l'administration, était entièrement militaire [1]. « Chacun des postes renfermait une chambre à coucher, une cuisine, deux remises, une cave, une vaste cour, un jardin et un puits. Quatre employés en formaient le personnel. »

C'est sur cette ligne que M. Chatau établit un nouveau système de télégraphie de nuit, dont il va nous donner lui-même l'explication.

« Mes lanternes et mes feux, dit-il, ne laissent rien à désirer. L'huile est le seul combustible employé. Les réservoirs sont à l'abri des froids les plus intenses. Les lampes sont à niveau constant et à mèche plate. Le foyer lumineux ne craint ni la pluie, ni le vent le plus violent, ni les mouvements les plus rapides du télégraphe.

« Ce foyer se maintient dans un état d'éclat suffisant pendant vingt-quatre heures, sans demander aucun soin, pourvu qu'on emploie de l'huile bien épurée et de bonnes mèches. Bien que la largeur des mèches ne soit que de douze millimètres, tous les signaux sont distingués à la distance de trente kilomètres.

« ... Si une lanterne s'éteint, le stationnaire le sait à l'instant, et cette lanterne est bientôt rallumée ; mais un

[1] En Russie, les emplois civils eux-mêmes sont assimilés aux grades de l'armée. Telle fonction administrative donne à celui qui en est investi le rang de capitaine, de colonel, de général, et implique le port de l'uniforme et de l'épée.

pareil accident est extrêmement rare avec mon télégraphe, et je doute qu'il arrive trois fois par an dans toute l'étendue de la ligne. Les lanternes portent un signe qui indique le côté de Varsovie ; chacune d'elles a, excepté aux postes extrêmes, deux réverbères, deux réservoirs et deux foyers... Une fois que les lanternes sont posées au télégraphe, les verres sont à l'abri de tout accident, et, quelle que soit la rapidité des manœuvres du télégraphe, elles ne peuvent ni se détacher, ni s'ouvrir, ni heurter un poteau...[1]. »

Cette amélioration fut la dernière que reçut l'œuvre de Chappe.

[1] *Télégraphe de jour et de nuit*, par M. Chatau ; 1842.

III

AMPÈRE (André-Marie)

(1775-1836)

I

Ampère[1] naquit à Lyon, sur la paroisse Saint-Nizier, le 22 janvier 1775, de Jean-Jacques Ampère, négociant, et de Jeanne-Antoinette Sarcey de Sutières.

Jean-Jacques Ampère était instruit et fort estimé ; sa femme avait, elle aussi, conquis l'affection générale par une inaltérable douceur de caractère et par une bienfaisance qui cherchait avec avidité l'occasion de s'exercer. Peu de temps après la naissance de leur fils, M. et Mme Ampère quittèrent le commerce, et se retirèrent dans une petite propriété située à Polémieux, près de Lyon.

Ainsi, c'est dans un obscur village, sans les excitations d'aucun maître, que commencèrent à poindre, ou, pour

[1] Nous nous servons surtout pour cette notice de l'article publié par la *Biographie universelle* de Michaud. Cet article se compose d'extraits presque textuels de l'éloge prononcé dans une séance publique de l'Académie des sciences, par M. François Arago. La compétence du savant, le charme de l'écrivain, les détails charmants, les souvenirs personnels qui abondent dans le récit, font de cette étude dont nous allons donner l'analyse, ou plutôt reproduire les passages les plus saillants, un véritable modèle du genre, en même temps qu'un digne hommage rendu à une mémoire illustre et justement honorée.

mieux dire, que surgirent les trésors d'intelligence du futur membre de l'Institut.

La faculté qui chez Ampère se développa la première fut celle du calcul arithmétique. Avant de connaître les chiffres et de savoir les tracer, il faisait de longues opérations à l'aide d'un nombre très borné de petits cailloux ou de haricots. Peut-être était-il déjà sur la voie des ingénieuses méthodes des Hindous ; peut-être disposait-il ses cailloux comme les grains enfilés sur plusieurs lignes parallèles que les brahmanes, mathématiciens de Pondichéry, de Calculta ou de Bénarès, manient avec tant de rapidité, de précision, de sûreté.

Ampère, toutefois, ne poussa pas sa méthode au delà de ses jeux d'enfant ; sur ces entrefaites il sut lire, et, tournant de ce côté l'ardeur de son imagination, il dévora tout ce que contenait la bibliothèque de son père. Il lisait avec tant de fruit, et il possédait à un si haut degré la mémoire, cette faculté heureuse dont Platon n'a rien dit de trop en l'appelant une grande et puissante déesse, que bien des années plus tard chacun a pu voir le membre de l'Académie des sciences, parvenu à un âge assez avancé, citer avec une parfaite exactitude de longues tirades d'ouvrages qui, un demi siècle auparavant, avaient passé sous ses yeux au milieu des rochers de Polémieux.

Bientôt la modeste bibliothèque d'un négociant retiré ne suffit plus au jeune écolier. M. Ampère conduisit alors de temps en temps son fils à Lyon, où il allait consulter les livres les plus rares, entre autres les œuvres de Bernoulli et d'Euler.

Lorsque, pour la première fois, l'enfant, chétif, délicat, adressa sa demande au bibliothécaire de la ville :

« Les œuvres de Bernoulli et d'Euler ! s'écria M. Daburon ; y pensez-vous, mon petit ami ? Ces ouvrages figurent au nombre des plus difficiles que l'intelligence humaine ait jamais produits.

— J'espère être néanmoins en état de les comprendre, répondit l'enfant.

— Vous savez sans doute qu'ils sont écrits en latin, » ajouta le bibliothécaire.

Cette révélation atterra un moment le jeune Ampère : il n'avait pas encore étudié la langue latine. Au bout de peu de semaines l'obstacle était levé.

Ce qu'Ampère cherchait surtout, même dans ses premières lectures, c'étaient des questions à approfondir, des problèmes à résoudre. Ainsi le mot *Langue,* du neuvième volume de l'*Encyclopédie,* le transporte sur les rives de l'Euphrate, à la *tour de Babel;* il y trouve des hommes parlant tous le même idiome, et le voilà lancé à la recherche de cette langue primitive dont il rêve de retrouver la clef, afin d'en reconstituer la souche avec ses anciens attributs de grandeur et de simplicité.

Toutes les langues de l'Orient, et en particulier le sanscrit, objet de sa vive admiration, sont étudiées, fouillées, par le jeune et infatigable travailleur; une grammaire, un dictionnaire, créés par lui, renferment déjà le code à peu près achevé de la nouvelle langue ; et le début d'un poème rend témoignage de l'harmonie de ce langage.

Cependant, et sans que le patient philologue, tout à son labeur, en ait une compréhension bien nette, les événements s'accumulent autour de lui ; la famille Ampère, ne se croyant plus en sûreté à la campagne, vient s'établir à Lyon (1793), où M. Ampère accepte les fonctions de juge de paix. Bientôt les soi-disant représailles exercées par Collot-d'Herbois et Fouché éclatent : le massacre est organisé, et parmi les premières victimes figure l'honnête et paisible père de famille.

Le jour où il monta sur l'échafaud, Jean-Jacques Ampère adressa à sa femme une lettre admirable de simplicité, de résignation, de sensibilité courageuse. On y lit ces paroles :

« Il s'en faut beaucoup, ma chère amie, que je te laisse riche et même avec une aisance ordinaire ; tu ne peux l'imputer ni à ma mauvaise conduite, ni à aucune dissipation. Ma plus forte dépense a été l'achat des livres et des instruments de géométrie dont notre fils ne pouvait se passer pour son instruction ; mais cette dépense même était une sage économie, *puisqu'il n'a jamais eu* d'autre maître que lui-même.

« Ne parle pas à Joséphine (Mlle Ampère) du malheur de son père : fais en sorte qu'elle l'ignore. Quant à mon fils, *il n'y a rien que je n'attende de lui.* »

Cet espoir fut déçu. Le coup était trop rude, Ampère en fut terrassé.

Ses facultés intellectuelles, si vives, si ardentes, si développées, firent subitement place à un véritable idiotisme. Il passait sa vie à contempler machinalement le ciel ou à faire de petits tas de sable. Si des amis, inquiets sur un dépérissement rapide dont les conséquences semblaient devoir être fatales et prochaines, entraînaient le pauvre jeune homme dans les bois voisins de Polémieux, il était, pour se servir de ses propres expressions, *un témoin muet, un visiteur sans yeux et sans pensée.*

Ce sommeil de tout sentiment moral et intellectuel avait duré un an, lorsque la lecture d'un ouvrage de botanique fit pénétrer dans l'esprit du jeune malade comme un rayon de lumière ; il se reprit à l'admiration, à l'étude de la nature. De là au réveil de son goût naturel pour la poésie, il n'y avait qu'un pas. Ce pas, Ampère le franchit rapidement, et, reprenant l'étude du latin, qu'il n'avait qu'ébauchée, il se plongea avec délices dans la lecture des poètes du siècle d'Auguste.

Ces promenades à travers la campagne, sans autre but que l'admiration de la nature et la recherche de quelque plante encore introuvée, ces méditations sérieuses en compagnie des génies de l'antiquité remplissaient si bien la vie, ou plutôt le cœur d'Ampère, qu'il n'imaginait pas qu'en dehors de ces joies paisibles il pût y avoir pour lui autre chose à désirer.

Son âme sensible et affectueuse avait, il est vrai, besoin de tendresse ; mais sa mère et sa sœur n'étaient-elles pas là ! La famille à trois avait tant de douceur, tant de charme ! comment songer à en élargir le cercle ?

Cette pensée vint d'elle-même, sans préméditation aucune. Un jour qu'il herborisait aux environs de Polémieux, — il avait alors vingt et un ans, — son regard s'arrêta tout à coup sur deux jeunes personnes qui, à quelque distance, faisaient des bouquets dans une prairie. Cette tencontre décida du sort du jeune botaniste. Jusque-là l'idée du mariage ne s'était même pas offerte à son esprit, et cependant dès ce premier instant il se promit qu'une de ces jeunes filles serait la compagne de sa vie.

Elle devint sa femme, en effet, mais seulement trois ans plus tard.

Ampère était sans fortune, et, avant de lui donner leur fille, les parents de Mlle Caron exigèrent prudemment qu'il se créât une position.

Tout entier au nouveau sentiment qui s'était emparé de son cœur, le futur académicien permit qu'on discutât sérieusement s'il s'installerait derrière un comptoir, où du matin au soir il déplierait, plierait et déplierait encore les belles soieries de la fabrique lyonnaise; si sa mission consisterait principalement à retenir les acheteurs par des paroles engageantes, à maintenir les prix avec fermeté, mais sans impatience; à disserter, à perte de vue, sur la finesse des tissus, le goût des ornements, la solidité des couleurs...

Il est à supposer que « l'ennui, ce terrible ennemi qu'Ampère ne sut jamais maîtriser », faute, disait-il, d'avoir été à l'école dans sa jeunesse, ne lui eût pas permis de se distinguer beaucoup dans ces diverses occupations, toutes également en dehors de ses goûts et de ses aptitudes.

Y eût-il persévéré? il est permis d'en douter. Quelle eût été, dans tous les cas, sa destinée? et combien la science n'y eût-elle pas perdu ?

Par bonheur, la carrière scientifique ayant prévalu dans une assemblée de famille, Ampère entra enfin de plain-pied dans la voie qu'il devait honorer et où il allait s'illustrer.

Il quitta Polémieux pour s'installer à Lyon et y donner des leçons particulières de mathématiques.

II

Cette époque a marqué à plus d'un titre dans la vie d'Ampère. C'est alors qu'il forma des liaisons bien rares au temps où nous vivons; car elles subirent sans s'affaiblir l'épreuve de plus d'un demi-siècle de crises politiques et de bouleversements de toute espèce.

Ses nouveaux amis, dominés par des goûts communs, se réunissaient de très grand matin chez l'un d'eux, M. Lenoir. Là, sur la place des Cordeliers, au cinquième étage, avant le lever du soleil, sept ou huit jeunes gens se dédommageaient d'avance des ennuis d'une journée que les affaires devaient absorber, par la lecture à haute voix de la *Chimie* de Lavoisier.

Cet ouvrage, où la sévérité de la méthode, la lucidité de la rédaction le disputent à l'importance des résultats, excita chez Ampère un véritable enthousiasme, et si on fut étonné quelques années plus tard de trouver un profond chimiste dans le professeur d'analyse transcendante de l'École polytechnique, c'est qu'on n'avait pas encore pénétré le secret des réunions studieuses de la place des Cordeliers de Lyon.

En y regardant de bien près, il est rare qu'on ne découvre pas, dans la vie de chaque homme, les liens souvent presque imperceptibles qui rattachent les mérites et les goûts de l'âge mûr à des impressions de jeunesse.

Cependant le mariage d'Ampère eut enfin lieu (2 août 1799); les églises étaient alors fermées, et la cérémonie religieuse du mariage dut se faire clandestinement. Cette circonstance laissa dans l'esprit du savant géomètre des traces profondes; elle rendit plus vifs, plus durables les sentiments religieux dont « le développement réfléchi datait, dit-il lui-même, d'un des trois points culminants de sa vie : sa première communion ».

Mme Ampère avait, en effet, de bonne heure excité dans l'âme de son fils les sentiments de piété qui l'animaient elle-même. La lecture assidue de l'Écriture sainte, des Pères de l'Église et de l'*Imitation*[1], qu'elle lui avait instam-

[1] Au moment de la mort d'Ampère, quelques instants avant qu'il perdît entièrement connaissance, M. Deschamps, proviseur du collège de Marseille, ayant commencé à demi-voix la lecture de quelques passages de l'*Imitation*, Ampère l'avertit qu'il savait l'ouvrage par cœur; ce furent ses dernières paroles.

ment recommandée, était le moyen infaillible dont le jeune géomètre, et plus tard le savant illustre, faisait usage lorsque sa foi était en butte à quelque assaut.

Le soin qu'il prenait de garantir sa foi s'explique par l'horreur que lui inspirait le doute. Ce n'était pas seulement en matières religieuses qu'Ampère avait besoin de certitude. Quel qu'en fut l'objet, le doute bouleversait son esprit, troublait sa vie, et il n'avait pas de repos qu'il ne l'eût repoussé ou vaincu ; aussi écrivait-il à un de ses amis de Lyon : « Le doute est le plus grand des tourments que l'homme puisse endurer sur la terre. »

Mais, dans la période de la vie d'Ampère que nous retraçons ici, le doute ni aucune espèce de tourment ne pouvaient trouver place.

Marié à vingt-quatre ans à une femme qu'il chérissait et qui était digne à tous égards de sa tendresse, placé entre cette compagne chérie et les deux fidèles amis de sa jeunesse, il savourait avec toute l'ardeur de sa nature aimante et enthousiaste les joies délicieuses de la vie familiale.

Deux années s'écoulèrent ainsi, deux années d'un bonheur sans nuages, que vint en même temps compléter et interrompre la naissance d'un fils.

Par une de ces bizarreries singulières de la destinée humaine, cet événement si désiré, si impatiemment attendu, provoqua une décision qui changea brusquement l'existence de la famille Ampère.

Les devoirs de la paternité s'accommodaient mal de l'incertitude de l'enseignement privé ; le jeune professeur dut chercher une position plus solide et plus sûre. Il obtint en 1801 la chaire de physique à l'école centrale[1] de Bourg, et il dut partir seul pour sa nouvelle résidence, l'état de santé de Mme Ampère ne lui permettant pas de l'accompagner.

Si cette séparation fut une rude épreuve pour tous deux, à certains égards les dédommagements à ce double sacrifice ne se firent pas attendre : le chercheur infatigable, l'observateur attentif et sagace, ne tardèrent pas, en effet, à se révéler.

[1] Nom donné aux collèges et lycées lors de la réorganisation de l'instruction publique.

Jusqu'alors les études, les recherches du modeste savant n'avaient pas eu de retentissement; tout était resté enfermé dans le cercle étroit de quelques amis; mais, à peine arrivé à Bourg, Ampère pose les bases de sa réputation. Ses *Considérations sur la théorie mathématique du jeu,* publiées en 1802 à Lyon, ont un immense retentissement. Il s'y montre calculateur ingénieux et exercé, ses formules ont de l'élégance et le conduisent à des démonstrations purement algébriques de théorèmes qui semblaient devoir exiger l'emploi de l'analyse différentielle.

La question principale s'y trouve du reste complètement résolue : — La proposition prouvée par Buffon « qu'une longue suite de hasards est une chaîne fatale dont le prolongement amène le malheur», ou, en termes moins poétiques, qu'un joueur de profession court à une ruine certaine, — est démontrée par l'auteur, mathématiquement, sans rien emprunter aux considérations dont l'illustre naturaliste et le célèbre Daniel Bernoulli, s'occupant de la même question, avaient fait usage.

Ce travail, favorablement apprécié par Lalande et Delambre, valut à Ampère un poste à Lyon.

Ainsi arrivé à ce qui lui semblait le terme de son ambition, Ampère put enfin jouir de nouveau de cette intimité, de ces joies du foyer dont son cœur était avide. Près de sa mère, entre sa jeune femme et son enfant, il avait atteint, croyait-il, le bonheur.

Hélas! à peine en avait-il joui pendant quelques mois, qu'un coup terrible s'abattit sur lui. Sa femme, dont la santé depuis son mariage avait toujours été chancelante, tomba tout à fait malade. Il vit le mal s'aggraver de jour en jour, et, après avoir pendant plusieurs mois disputé à la mort sa victime avec cette ardeur, cette persévérance qu'il apportait à toutes choses, il eut la douleur de la perdre le 13 juillet 1804.

A cette date funèbre, dans ses papiers, à la suite de deux versets des psaumes, on trouve une prière fervente qui se termine ainsi : « O Seigneur, Dieu de miséricorde, daignez me réunir dans le ciel à ce que vous m'aviez permis d'aimer sur la terre. »

III

Le séjour de Lyon n'était plus possible pour Ampère : on le nomma répétiteur d'analyse à l'École polytechnique.

A la fois géomètre et mathématicien, Ampère, dès son arrivée à Paris, vécut dans deux sociétés distinctes, et dont l'unique trait de ressemblance était la célébrité de leurs membres. D'un côté se trouvaient la première classe de l'ancien Institut, les professeurs et les examinateurs de l'École polytechnique, des professeurs du collège de France; de l'autre, Cabanis, Destutt de Tracy, Maine de Biran, de Gérando, etc. Ici on essayait de sonder, d'analyser les mystères de l'intelligence; là cette intelligence, telle que la nature nous la départit, telle que l'éducation la perfectionne et l'étend, créait chaque jour de nouveaux prodiges.

Les psychologistes cherchaient de quelle manière on invente; les géomètres, les chimistes, les physiciens, inventaient. Sans trop s'occuper du « comment cela se faisait », ils découvraient, soit les formes analytiques où sont actuellement renfermées les lois des mouvements des astres, soit les règles subtiles des actions moléculaires, lesquelles, tout en nous mettant sur la voie des causes d'un grand nombre de phénomènes naturels, éclairaient les procédés des arts, développaient la richesse nationale. Ils saisissaient enfin les nouvelles propriétés de la lumière, de l'électricité, du magnétisme, qui ont jeté tant d'éclat sur les premières années de ce siècle.

Ballottée entre ces deux *écoles*, si cette expression est permise, l'ardente imagination d'Ampère subissait journellement d'assez rudes épreuves. On ne saurait dire avec certitude sous quel aspect les sciences exactes étaient alors envisagées par les métaphysiciens; mais il est certain que les géomètres, les physiciens, les chimistes, accordaient peu d'estime aux recherches purement psychologiques.

Ce tort s'amoindrira sensiblement aux yeux de ceux qui voudront bien considérer qu'en métaphysique tout se lie, se tient, s'enchaîne comme les mailles du tissu le plus délicat; en telle sorte qu'un principe ne saurait être détaché de l'ensemble de définitions, d'observations et d'hypothèses dont il découle sans perdre beaucoup de son importance apparente et surtout de sa clarté.

Lorsque Ampère, encore vivement ému des entretiens qu'il venait d'avoir avec les psychologistes, allait étourdiment, c'est-à-dire sans préparation, jeter l'*émesthèse,* par exemple, au milieu d'une réunion de géomètres, de physiciens ou de naturalistes; lorsque, en cédant à son enthousiasme, il soutenait qu'un mot obscur, ou du moins incompris, renfermait la plus belle découverte du siècle, n'était-il pas naturel qu'il rencontrât des incrédules?

Tout aurait été de même dans l'ordre, si l'extrême bonté d'Ampère n'avait autorisé les incrédules moqueurs à usurper la place des incrédules sérieux.

Toutefois, d'ailleurs, et quel que fût son goût pour certaines difficultés épineuses de la métaphysique, Ampère se préoccupait par-dessus tout des questions scientifiques. Or, parmi ces questions, il en était une qui, restant stationnaire au milieu des progrès rapides, admirables, que faisaient toutes les autres, ne pouvait manquer d'éveiller son attention; nous voulons parler de celle qui traite du magnétisme.

On sait depuis six siècles au moins que les barres de fer ou d'acier, convenablement préparées, convenablement supportées, se dirigent vers le nord. Cette curieuse propriété nous a donné les deux Amériques, la Nouvelle-Hollande, de nombreux archipels, et les centaines d'îles isolées de l'Océanie, etc.; c'est à elles que, dans les temps sombres ou de brouillards, recourent pour se diriger les capitaines des mille et mille navires dont toutes les mers du monde sont sillonnées de jour et de nuit. Aucune vérité de physique n'a eu des conséquences aussi colossales, et cependant jusqu'ici on n'avait rien découvert touchant la nature de la modification intime qu'éprouve une lame d'acier neutre pendant ces opérations mystérieuses, on pourrait presque dire cabalistiques, à l'aide desquelles s'opère sa transformation en aimant. L'ensemble des phénomènes du magnétisme, les affaiblissements, les destructions, les renversements de polarité des aiguilles de boussole, occasionnés à bord de quelques navires par de violents coups de foudre, semblaient établir des liaisons intimes entre le magnétisme et l'électricité. Cependant les travaux *ad hoc* entrepris à la demande de plusieurs académies pour développer et fortifier cette analogie n'avaient pas conduit à des résultats décisifs.

On lit même, circonstance singulière, dans un programme d'Ampère imprimé à la date de 1802 : *Le professeur* DÉMONTRERA *que les phénomènes électriques et magnétiques sont dus* A DEUX FLUIDES DIFFÉRENTS *et qui agissent indépendamment l'un de l'autre.*

Les choses en étaient à ce point, lorsqu'en 1819 le physicien danois Œrsted annonça au monde savant un fait immense par lui-même, et surtout par les conséquences qu'on en a déduites; un fait dont le souvenir se transmettra d'âge en âge, tant que les sciences seront en honneur parmi les hommes. Ce fait, actuellement connu de tout le monde, consiste dans l'action rotative qu'un fil métallique quelconque exerce sur l'aiguille aimantée placée dans son voisinage quand un courant électrique le traverse.

La découverte d'Œrsted arriva à Paris par la Suisse. Le lundi 11 septembre 1820, un académicien qui revenait de Genève répéta devant l'Académie les expériences du savant Danois.

Sept jours après, le 18 septembre, Ampère présentait déjà un fait beaucoup plus général que celui du physicien de Copenhague. Dans un si court intervalle de temps il avait deviné que deux fils conjonctifs (c'est ainsi qu'on appelle des fils que l'électricité parcourt) agissaient l'un sur l'autre. Il avait imaginé des dispositions extrêmement ingénieuses pour rendre ces fils mobiles sans que les extrémités de chacun d'eux eussent jamais à se détacher des pôles respectifs de leurs piles voltaïques; il avait réalisé, transformé ces conceptions en instruments susceptibles de fonctionner; il avait enfin soumis son idée capitale à une expérience décisive.

Le vaste champ de la physique n'offrit peut-être jamais

une aussi belle découverte, conçue, mise hors de doute et complétée avec tant de rapidité.

Cette brillante découverte d'Ampère, en voici l'énoncé exact : deux fils conjonctifs parallèles s'attirent quand l'électricité les parcourt dans le même sens ; ils se repoussent, au contraire, si les courants électriques s'y meuvent en sens opposés. Les fils conjonctifs de deux piles semblablement placées, de deux piles dont les pôles, cuivre et zinc, se correspondent respectivement, s'attirent donc toujours. Il y a de même toujours répulsion entre un fil conjonctif et deux piles, quand le pôle zinc de l'une est en regard du pôle cuivre de l'autre. Ces singulières attractions et répulsions n'exigent pas que les fils sur lesquels on opère appartiennent à deux piles différentes. En pliant et repliant deux fils conjonctifs, on peut faire en sorte que deux de leurs portions en regard soient traversées par le courant électrique ou dans le même sens, ou dans des sens opposés. Les phénomènes sont alors parfaitement identiques à ceux qui résultent de l'action des courants provenant de deux sources distinctes.

Dès leur naissance, les phénomènes d'Œrsted avaient été justement appelés *électro-magnétiques ;* ceux d'Ampère, puisque l'aimant n'y joue aucun rôle direct, durent prendre le nom plus général de phénomènes *électro-dynamiques.*

Les expériences du savant français n'échappèrent pas aux critiques que l'envie réserve à tout ce qui a de la nouveauté, de l'importance, de l'avenir. On voulut d'abord ne voir dans les attractions et les répulsions des courants qu'une modification à peine sensible des attractions et des répulsions électriques ordinaires, connues depuis le temps de Dufay : sur ce point, les réponses d'Ampère furent promptes, décisives. Les corps semblablement électrisés se repoussent ; les courants semblables s'attirent. Les corps inversement électrisés s'attirent; les courants inverses se repoussent. Deux corps semblablement électrisés s'écartent l'un de l'autre, dès le moment qu'ils se sont touchés ; deux fils, traversés par des courants semblables, restent étroitement attachés si on les amène en contact.

Aucun subterfuge au monde n'aurait pu résister à cette argumentation serrée.

Une autre classe d'*objectionneurs* embarrassa plus sérieusement Ampère. Ceux-ci étaient en apparence charitables. A les entendre, ils appelaient de tous leurs vœux, mais sans oser y croire, la solution d'une grande difficulté. Ils souffraient sincèrement, disaient-ils, en voyant s'évanouir si promptement la gloire dont les nouvelles observations auraient entouré le nom d'Ampère.

L'insurmontable difficulté, voici à très peu près comment on la formulait : deux corps qui séparément ont la propriété d'agir sur un troisième, ne sauraient manquer d'agir l'un sur l'autre. Les fils conjonctifs, d'après la découverte d'Œrsted, agissent sur l'aiguille aimantée; donc deux fils conjonctifs doivent s'influencer réciproquement ; donc les mouvements d'attraction ou de répulsion qu'ils éprouvent lorsqu'on les met en présence sont des déductions, des conséquences nécessaires de l'expérience du physicien danois; donc on aurait tort de ranger les observations d'Ampère parmi les faits primordiaux qui ouvrent aux sciences des voies entièrement nouvelles.

L'action est égale à la réaction! Il y avait dans la phraséologie citée un faux air de ce principe incontestable de la mécanique, qui séduisit beaucoup d'esprits.

Ampère répondit en posant à ses adversaires le défi de déduire des expériences d'Œrsted, d'une manière tant soit peu plausible, le *sens* de l'action mutuelle de deux courants électriques; mais, bien qu'il mît beaucoup d'ardeur dans sa demande, personne ne s'avoua vaincu.

Le moyen infaillible de réduire au silence cette opposition passionnée, de saper ces objections par la base, était de citer un exemple où deux corps, qui séparément agiraient sur un troisième, n'exerceraient néanmoins aucune action l'un sur l'autre.

Un ami d'Ampère[1] fit remarquer que le magnétisme offrait le phénomène désiré. Il dit aux *bienveillants antagonistes* du grand géomètre :

[1] Arago lui-même.

« Voici deux clefs en fer doux ; chacune d'elles attire cette boussole ; si vous ne prouvez pas que, mises en présence l'une de l'autre, ces clefs s'attirent ou se repoussent, le point de départ de toutes vos objections est faux. »

Dès ce moment les objections furent abandonnées, et les actions réciproques des courants électriques prirent définitivement la place qui leur appartenait parmi les plus belles découvertes de la physique moderne.

Une fois sorti des questions d'originalité, de priorité toujours plus pénibles par ce qui est sous-entendu que par ce qui se dit ouvertement, Ampère chercha avec ardeur une théorie claire, rigoureuse, mathématique, qui comprît dans un lien commun les phénomènes électro-dynamiques, déjà à cette époque très nombreux et très variés ; la recherche était hérissée de difficultés de tout genre ; Ampère les surmonta par des méthodes où brille à chaque pas son génie. Ces méthodes resteront comme un des plus précieux modèles dans l'art d'interroger la nature, de saisir, au milieu des formes complexes des phénomènes, la loi simple dont ils dépendent.

Éblouies par l'éclat, la grandeur, la fécondité de la loi d'attraction universelle, cette immortelle découverte de Newton, les personnes peu au courant des connaissances mathématiques s'imaginent que pour faire rentrer ainsi les mouvements planétaires dans le système de l'attraction universelle il a fallu surmonter des difficultés mille fois supérieures à celles que rencontre le géomètre moderne, quand, lui aussi, veut, à l'aide du calcul, suivre dans toutes leurs ramifications les divers phénomènes découverts et étudiés par les physiciens.

Cette opinion, quelque générale qu'elle soit, n'en est pas moins une erreur.

La petitesse des planètes, si on les compare au soleil ; l'immensité des distances ; la forme à peu près sphérique des corps célestes ; l'absence de toute matière capable d'opposer une résistance sensible dans les vastes régions où les orbes elliptiques se développent, sont autant de circonstances qui simplifiaient extrêmement le problème et le faisaient presque rentrer dans les abstractions de la mécanique rationnelle. Si au lieu de mouvements de planètes, c'est-à-dire de corps très éloignés pouvant être ainsi réduits à de simples points, on avait eu à considérer des phénomènes d'attraction de polyèdres réguliers ou irréguliers, agissant l'un sur l'autre à de petites distances, les lois de la pesanteur universelle resteraient peut-être à découvrir.

Ce peu de mots suffiront pour faire comprendre les obstacles réels qui rendent les progrès de la physique mathématique si lents. On ne s'étonnera plus d'apprendre que la propagation du son ou des vibrations lumineuses, que le mouvement des ondes légères qui rident la surface d'un liquide, que les courants atmosphériques déterminés par des inégalités de pression et de température, etc. etc., sont beaucoup plus difficiles à calculer que la course majestueuse de Jupiter, de Saturne et d'Uranus.

Parmi les phénomènes de la physique terrestre, ceux avec lesquels Ampère avait à lutter étaient certainement au nombre des plus complexes : toutes ces difficultés ont été vaincues. Les quatre états d'équilibre à l'aide desquels l'auteur a débrouillé ces phénomènes s'appelleront les lois d'Ampère, comme on donne le nom de lois de Képler aux trois grandes conséquences que ce génie supérieur déduisit des observations de Tycho. Grâce aux efforts de l'illustre académicien, la loi du carré des distances, la loi qui régit les mouvements célestes, la loi que Coulomb étendit aux phénomènes d'électricité de tension, et même, quoique avec moins de certitude, aux phénomènes magnétiques, est devenue le trait caractéristique des actions exercées par l'électricité en mouvement.

Dans toutes les expériences magnétiques tentées avant la découverte d'Œrsted, la terre s'était comportée comme un gros aimant. On ne pouvait donc présumer qu'à la manière des aimants elle agirait sur des courants électriques. L'expérience cependant n'avait pas justifié la conjecture. Appelant à son aide la théorie électro-dynamique et la faculté d'inventer des appareils, qui s'était révélée en lui d'une façon si éclatante, Ampère eut l'honneur de combler cette inexplicable lacune.

Pendant plusieurs semaines, les savants nationaux et

étrangers purent se rendre en foule dans un humble cabinet de la rue des Fossés-Saint-Victor, et y voir avec étonnement un fil conjonctif de platine qui s'orientait par l'action du globe terrestre.

Qu'eussent dit Newton, Halley, Dufay, Æpinus, Franklin, Coulomb, si quelqu'un leur avait annoncé qu'un jour viendrait où, à défaut d'aiguille aimantée, les navigateurs pourraient orienter leur marche en observant des courants électriques, en se guidant sur des fils électrisés !

L'action de la terre sur un fil électrique est identique, dans toutes les circonstances qu'elle présente, avec celle d'un faisceau de courants ayant son siège dans le sein de la terre, au sud de l'Europe, et dont le mouvement s'opérerait, comme la révolution diurne du globe, de l'ouest à l'est. Qu'on ne dise donc pas que, les lois des actions magnétiques étant les mêmes dans les deux théories, il est indifférent d'adopter l'une ou l'autre.

Supposez la théorie d'Ampère vraie, et la terre dans son ensemble est inévitablement une vaste pile voltaïque donnant lieu à des courants dirigés comme le mouvement diurne ; et le mémoire où se trouve cette magnifique découverte va prendre rang, sans désavantage, à côté des immortels travaux qui ont fait de notre globe une simple planète, un ellipsoïde aplati à ses pôles, un corps jadis incandescent dans toutes ses parties, incandescent encore aujourd'hui à de grandes profondeurs, mais ne conservant plus à sa surface aucune trace appréciable de cette chaleur d'origine.

On a prétendu que toutes ces belles conceptions d'Ampère furent accueillies avec froideur ; on a dit que les géomètres et les physiciens français s'étaient montrés peu enclins à les admettre et même à les étudier ; que l'Académie, à l'exception d'un seul de ses membres, dominée par des préventions, refusa longtemps de se rendre à l'évidence.

Ces reproches sont arrivés au public par des organes éloquents et éminemment honorables ; il n'est donc pas possible de les laisser sans réponse.

Les expériences d'Ampère, à leur apparition, furent, en effet, l'objet de critiques sévères, ainsi que nous l'avons dit plus haut ; mais bientôt après elles soulevèrent une admiration générale. Quant aux calculs compliqués et savants, aux questions théoriques si délicates dont il est impossible de ne pas entrevoir l'immense portée, ils ne pouvaient guère avoir que les géomètres pour juges compétents et éclairés. Or est-il juste de dire que les géomètres français firent défaut à l'illustre savant national, lorsque, bien près de la naissance de l'électro-dynamisme, on trouve Savary complétant un point très important de cette théorie; lorsque l'on voit M. Liouville s'attachant à en simplifier les bases, à les rendre plus rigoureuses; lorsque, dans la rédaction des parties les plus difficiles de son grand mémoire, Ampère a pour collaborateur empressé M. Duhamel?

Est-il vrai, d'ailleurs, que la formule d'Ampère ne présentât aucune circonstance dont les géomètres pussent justement s'étonner? Quand de nouveaux phénomènes paraissent sortir complètement des voies connues, quelque hésitation n'est-elle pas naturelle? Cette hésitation n'eut rien d'extraordinaire, d'exceptionnel ou d'outré de la part des savants qui l'éprouvèrent.

Peu d'années auparavant, les ondes lumineuses transversales de Fresnel avaient soulevé les mêmes doutes, les mêmes incertitudes, et chez les mêmes personnes, quoiqu'elles semblassent une conséquence plus évidente encore, une traduction plus directe, plus immédiate, plus facile à vérifier des *faits* d'interférence que présentent les rayons polarisés.

En thèse générale, ne nous plaignons pas du culte que vouent ordinairement les hommes aux idées sous l'action desquelles leur intelligence s'est développée.

En pareille matière, il est naturel, il est juste, il est moral de ne rien changer qu'à bon escient. Envisagées du point de vue scientifique, les critiques, les difficultés de toute nature dont on accable si souvent les novateurs, ont une utilité réelle. Elles réveillent la paresse, elles triomphent de l'indolence, il n'est pas jusqu'à la jalousie, qui, avec sa cruelle et sa hideuse perspicacité, ne devienne une cause de progrès. On peut s'en fier à elle de la découverte des lacunes, des taches, des imperfections que l'auteur, même le plus rigoureux, laisse inévitablement échapper. Le contrôle qu'elle exerce, pour qui ne dédaigne pas d'en profiter, vaut cent fois celui du meilleur ami. On ne lui doit sans doute aucune reconnaissance, puisque son lot est de rendre service sans le vouloir, mais ce serait, d'autre part, une faiblesse que de s'apitoyer outre mesure sur les ennuis qu'elle suscite aux hommes de génie. Gloire et tranquillité d'esprit marchent rarement de compagnie. Celui à qui il faut une grande place dans le monde matériel ou dans le monde des idées doit s'attendre à y rencontrer pour adversaires les premiers occupants. Les petites choses et les petits esprits ont seuls le privilège de trouver à point nommé de petites cases dont personne ne songe à leur disputer la possession.

IV

Buffon a dit quelque part : « Le génie, c'est la patience. » Cette sentence serait plus juste si l'on disait : « C'est le génie qui donne la patience d'investigation. » Ampère étudia sous toutes ses faces le moyen d'utiliser les découvertes d'Œrsted, et une des premières applications qu'il imagina d'en faire nous ramène justement à notre sujet : la télégraphie. « Autant d'aiguilles, dit-il, que de lettres de l'alphabet, mises en mouvement par des conducteurs communiquant successivement avec la pile à l'aide des touches d'un clavier qu'on abaisserait à volonté, pourraient donner lieu à une correspondance télégraphique qui franchirait toutes les distances, et serait aussi prompte que l'écriture ou la parole pour transmettre la pensée. »

Ce système, tout défectueux qu'il était, n'en fut pas moins le point de départ de la télégraphie électrique telle qu'elle fonctionne aujourd'hui.

Ampère en est le premier inventeur, au même titre qu'Amontons fut le premier inventeur de la télégraphie aérienne.

L'idée d'Ampère eut, en effet, le mérite de préparer la solution d'une question de la plus haute importance et de la plus grande utilité.

Jugée sinon défectueuse, du moins insuffisante dès le début de son fonctionnement, la télégraphie aérienne laissait chaque jour davantage à désirer.

On comprend, en effet, que le mode de transmission des dépêches, n'ayant pas suivi le progrès qui avait eu lieu dans les arts et surtout dans les voies de communication, devait sembler de plus en plus insuffisant.

Étant donnés la rapidité des voies ferrées, leur multiplication sur tous les points du monde civilisé, le rapprochement forcé et heureux que le nouveau mode de locomotion devait amener entre tous les peuples, le télégraphe aérien, bien que porté au plus haut point de perfection dont il fût susceptible, attendait qu'un système mieux approprié aux besoins nouveaux vînt le remplacer.

Le télégraphe aérien avait d'ailleurs l'inconvénient de ne pouvoir être mis à la disposition du public ; c'était un mode de transmission uniquement destiné aux commmunications officielles. Tel qu'il était, il rendait des services très grands aux gouvernements ; il n'influait pas sur la marche des affaires privées.

Il fallait trouver un moyen de correspondance à distance plus pratique, plus usuel, plus à la portée des intérêts de chacun. Plusieurs savants, et Ampère à leur tête, pensèrent que l'électricité était l'agent naturel cherché.

Déjà, ainsi que nous l'avons indiqué plus haut et que l'aîné des frères Chappe le constate dans son *Histoire de la télégraphie,* on avait à plusieurs reprises eu l'idée d'appliquer l'aiguille aimantée à la transmission de la pensée.

Naus croyons devoir nous arrêter quelques instants sur ce sujet.

« Un zèle ardent s'était manifesté dès le commencement du XVIe siècle pour la recherche de certains agents naturels dont on commençait à soupçonner la précieuse utilité. Les savants interrogeaient avec persistance la nature, pour lui arracher la révélation de secrets jusqu'alors cachés, et ils enveloppaient leurs prétendues découvertes d'un voile mystérieux, espérant ainsi leur donner plus de prix aux yeux du vulgaire, et faire concevoir une plus haute idée du savoir et de la puissance de ceux qui les avaient faites.

« C'est dans ce double but qu'ils résolurent de trouver le moyen de correspondre à de grandes distances, sans communication appréciable et sans signes ostensibles.

« Quelques-uns annonçaient qu'ils pouvaient se mettre en rapport avec leurs adeptes par le moyen d'aiguilles aimantées qui se mouvaient sympathiquement sur un cadran semblable.

« Paracelse, Maxwell, Santanelli prétendent, dans leurs écrits, qu'on peut agir sur des personnes séparées par une distance de vingt-cinq kilomètres au moyen d'alphabets magnétisés. »

Quoi qu'il en soit de ces expériences, et en supposant même qu'elles aient été réalisées dans une certaine mesure, il ne dut pas être possible de les généraliser et de les faire entrer dans la pratique, puisque à partir presque du moment qui les vit se produire, elles furent abandonnées et tombèrent bientôt dans un oubli complet.

L'idée fut reprise au XVIIIe siècle.

« Des Anglais voulurent, en 1747, employer l'électricité pour établir des communications à distance.

« Le docteur Waston, assisté de Folkes, Cavendish, Berwis, Graham, Birch, Daval, Tremblay, Ellicot, Robin et Schort, fit, les 14 et 18 juillet 1747, sur la Tamise, des expériences dans lesquelles on se servit pour s'entendre d'une rive à l'autre de la décharge des batteries électriques.

« Les deux camps observateurs étaient à deux milles anglais. L'expérience démontra que la matière électrique pouvait parcourir en un clin d'œil un espace de quatre milles anglais[1].

D'autre part, vers la même époque, Lesage, physicien genevois, imaginait un télégraphe électrique susceptible de fonctionner.

[1] Le mille anglais mesure 1609 mètres; soit, pour l'espace indiqué ici, 6 kilomètres 436 mètres.

A défaut de la pile, qui n'était pas encore inventée, il employait l'électricité statique, et se servait pour électromoteur d'une machine électrique. Un fil particulier était affecté à chaque lettre ; on faisait passer la décharge de la machine par tel ou tel de ces fils, et un électromètre correspondant indiquait la présence du fluide électrique, et par conséquent une lettre.

Franklin avait eu également l'idée de se servir de l'électricité pour la transmission des dépêches.

Ce qui manquait, c'était une source d'électricité plus commode que la machine électrique.

Cette difficulté, vaincue en apparence par la précieuse découverte de Volta, ne disparut cependant de la pratique qu'à la suite de celles d'Œrsted et d'Ampère.

C'est ainsi qu'en 1811 Sommering, ayant repris cette recherche de l'application de l'électricité à la télégraphie, n'imagina rien de mieux que d'utiliser à cet effet le phénomène de la décomposition de l'eau, le seul alors connu de tous les effets produits par la pile.

Comme Lesage, comme Ampère lui-même plus tard, il eut autant de fils que de lettres.

On voit que si la possibilité d'arriver à un résultat satisfaisant avait été entrevue, la question n'en restait pas moins entièrement à résoudre.

V

Mais quittons le domaine de la science et la question de la télégraphie pour revenir à Ampère lui-même, et remontons en arrière juste au moment de son départ pour Paris.

En quittant Lyon et ses amis, Ampère, préoccupé de l'idée fixe qui le poussait à fuir les lieux témoins d'un bonheur qui lui avait été ravi par la plus douloureuse et la moins attendue pour lui des catastrophes, bien qu'elle fût depuis longtemps prévue par tous les amis de la famille, Ampère, disons-nous, n'avait pas assez calculé ce qu'il

« Ce serait cependant être injuste, continue M. Babinet, que de ne pas reconnaître le mérite de ceux qui, en Allemagne d'abord, en Angleterre et en Amérique ensuite, ont utilisé les découvertes d'Ampère. Mais tous ces mérites ne sont que secondaires par rapport à l'idée mère.

VII

La biographie d'Ampère serait incomplète, le portrait ne serait pas ressemblant si nous n'y ajoutions quelques traits que le lecteur s'est sans doute étonné déjà de n'y point rencontrer.

Nous placerons donc ici quelques détails connus, mais néanmoins intéressants et curieux sur le caractère d'Ampère.

De bonne heure un singulier concours de circonstances avait initié le public à tous les détails de la vie privée du savant géomètre, et on s'occupait presque autant de ce qu'on appelait sa crédulité, ses travers, ses distractions, des alternatives fréquentes d'activité infinie et d'apathie profonde auxquelles il était sujet, que de sa rare aptitude aux sciences et de ses importants travaux.

Petit à petit il devint le principal acteur dans une multitude d'aventures plus ou moins bizarres, fruits de l'imagination de quelques oisifs. La calomnie, toujours aux aguets des occasions d'exercer son détestable rôle, se mit de la partie, et, comme Philopœmen, qui, au dire de Plutarque, *porta un jour la peine de sa mauvaise mine,* Ampère porta, dès sa jeunesse et jusqu'à la fin de sa vie, la peine de ses manières et de ses habitudes excentriques.

Ainsi que la Fontaine, avec lequel il avait plus d'un point de ressemblance, Ampère demeurait quelquefois comme isolé au milieu de la foule. De là certaines bizarreries, certaines aberrations de langage, de tenue ou de costume que devaient difficilement comprendre ceux qui jamais ne subirent la domination tyrannique d'une idée ou d'un sentiment.

lui faudrait laisser derrière lui d'affections et de souvenirs.

Peu de temps après son arrivée dans l'immense et bruyante capitale, il fut pris d'une véritable nostalgie, dont la guérison ne devait jamais être complète.

Dans les lettres de 1813, de 1820 et même d'une date postérieure, il se repent d'avoir accepté la place qui l'attache à l'École polytechnique; sa détermination est qualifiée par lui d'*acte de folie insigne*. Ses rêves favoris consistent en combinaisons, toujours impraticables, qui pourraient le ramener aux lieux témoins de son enfance.

L'exclamation : « Oh ! si j'étais resté à Lyon ! » termine le récit de ses chagrins de toute nature.

Cet attachement au sol natal donne la clef d'une foule de circonstances de la vie d'Ampère qui sans cela ne pourraient s'expliquer.

Il fait, entre autres, comprendre ces accès fréquents de découragement qui, alternant avec l'activité passionnée du savant, entravèrent trop souvent ses travaux.

Ses devoirs de père de famille, une bienfaisance qui s'exerçait bien au delà des limites de la prudence, même aux époques où ses amis calculaient avec inquiétude *de combien il s'en fallait qu'il n'eût rien ;* la ruineuse habitude de jouer avec les remaniements dans les imprimeries; le besoin de faire exécuter sans cesse de nouveaux appareils, forçaient Ampère à conserver des fonctions actives qui ne convenaient ni à sa santé ni à ses véritables aptitudes, et qui l'empêchaient de poursuivre avec ardeur et persévérance les mille idées ingénieuses qui journellement traversaient sa vaste tête.

Cette nécessité d'incessants calculs pécuniaires a nui plus qu'on ne l'a remarqué peut-être au progrès des sciences et à la gloire d'Ampère.

Chaque jour il mettait lui-même en balance, dans sa correspondance avec ses amis, ce qu'il faisait et ce qu'il aurait pu faire, et chaque jour les résultats de cet examen ajoutaient à sa profonde tristesse.

Voilà ce qui empoisonna sa vie, ce qui lui fit désirer qu'on écrivît sur sa tombe l'épitaphe brève et en même temps si expressive qu'un ministre suédois s'était choisie :

HEUREUX ENFIN ! (*Tandem felix!*)

VI

Ampère consacra les dernières années de sa vie à son grand travail de la classification des sciences, dont un appréciateur compétent définit en ces termes le principe :

« Toute la science humaine se rapporte uniquement à deux objets généraux, le monde matériel et le monde de la pensée. De là naît la division naturelle en sciences du monde, ou *cosmologiques*, et en sciences de la pensée, ou *noologiques*.

« De cette façon, M. Ampère partage toutes nos connaissances en deux règnes ; chaque règne est à son tour l'objet d'une division pareille : les sciences cosmologiques se divisent en celles qui ont pour objet le monde inanimé et celles qui s'occupent du monde animé ; de là deux embranchements qui dérivent des premières, et qui comprennent les sciences mathématiques et physiques, et deux autres embranchements qui dérivent des secondes, et qui comprennent les sciences relatives à l'histoire naturelle et les sciences médicales.

« La science de la pensée, à son tour, est divisée en deux sous-règnes, dont l'un renferme les sciences noologiques proprement dites, et l'autre les sciences sociales ; et il en résulte, comme dans l'exemple précédent, quatre embranchements.

« C'est en poursuivant cette division, qui marche toujours de deux en deux, qu'Ampère arrive à ranger dans un ordre parfaitement régulier toutes les sciences, et à les mettre dans des rapports qui vont toujours en s'éloignant.

« Ce tableau, s'il satisfait les yeux, satisfait aussi l'esprit ; et c'est certainement avec curiosité et avec fruit que l'on voit ainsi se dérouler la série des sciences, et toutes provenir de deux points de vue principaux, l'étude du monde et l'étude de l'homme.

« Sous ces noms qu'Ampère a classés, sous ces chapitres qu'il a réunis, se trouve renfermé tout ce que l'humanité a conquis et possède de plus précieux. Là est le grand héritage de puissance et de gloire que les nations se lèguent et que les siècles accroissent [1]. »

Malheureusement Ampère n'a pu que tracer ce grand travail, en établir les divisions, en indiquer l'esprit et le but ; le temps lui a manqué pour en achever l'ensemble, ainsi qu'il le dit lui-même : « Si le temps m'eût permis d'écrire un ouvrage plus complet, j'aurais eu soin, en parlant de chaque science, de ne pas me borner à en donner une idée générale. Je me serais appliqué à faire connaître les vérités fondamentales sur lesquelles elle repose, les méthodes qu'il convient de suivre, soit pour l'étudier, soit pour lui faire faire les nouveaux progrès qu'on peut espérer, suivant le degré de perfection auquel elle est déjà arrivée.

« J'aurais signalé les nouvelles découvertes, indiqué le but et les principaux résultats des travaux des hommes illustres qui s'en occupent ; et quand deux ou plusieurs opinions sur les bases mêmes de la science partagent encore les savants, j'aurais exposé et comparé leurs systèmes, montré l'origine de leurs dissentiments, et fait voir comment on peut concilier ce que ces systèmes offrent d'incontestable. Et celui qui s'intéresse au progrès des sciences, et qui, sans former le projet insensé de les connaître à fond, voudrait cependant avoir de chacune d'elles une idée suffisante pour comprendre le but qu'elle se propose, les fondements sur lesquels elle s'appuie, le degré de perfection auquel elle est arrivée, les grandes questions qui restent à résoudre, et pouvoir ensuite, avec toutes ces notions préliminaires, se faire une idée juste des travaux actuels des savants dans chaque partie des grandes découvertes qui ont illustré notre siècle et celles qu'elles préparent, etc., c'est dans l'ouvrage dont je parle que cet ami des sciences trouverait à satisfaire son noble désir. »

[1] Littré.

Il est à souhaiter qu'un savant, un encyclopédiste, un travailleur de la trempe d'Ampère reprenne ce programme, et se mette à la tête d'une publication d'un intérêt et d'une utilité aussi considérables.

Les deux volumes d'Ampère, publiés après sa mort, le premier en 1838 et le second en 1843, fourniraient un sommaire complet, et aussi parfait que les œuvres humaines peuvent l'être, pour un travail de ce genre.

L'illustre académicien, ayant mis la dernière main au travail dont nous parlons, quitta Paris en mai 1836 pour aller faire sa tournée d'inspecteur général de l'Université. Il était fort souffrant, et ses amis ne l'auraient pas laissé partir s'ils n'avaient espéré que le climat du Midi lui serait favorable. Déjà, à plusieurs reprises, le soleil des plages méditerranéennes, joint à l'action réconfortante de l'air marin, avaient eu raison d'une tendance à l'anémie, suite d'une ancienne affection de poitrine.

Cette fois il n'en fut pas ainsi. Arrivé à Marseille, Ampère, atteint tout à coup d'une fièvre cérébrale des plus violentes, dut prendre le lit; on le transporta au collège, où les soins les plus dévoués, les plus affectueux, lui furent en vain prodigués : il succomba le 10 juin 1836.

Le jour même, le télégraphe de Marseille transmit à Paris la triste nouvelle. Elle y excita une douleur profonde et universelle.

Qu'on ne s'y trompe pas : l'instrument aérien, aux communications rapides, qui allait être bientôt détrôné par le moteur électrique trouvé par l'illustre mort, ne passait pas dans le domaine des choses privées; il remplissait son rôle officiel : la mort d'Ampère était un malheur public.

« Aussi, a dit depuis un autre des éminents amis et collaborateurs d'Ampère, si la France, qui s'honore en honorant ses enfants célèbres, ne veut pas négliger une de ses gloires, on verra la statue d'Ampère dans un des points les plus apparents de notre bel établissement de télégraphie électrique. Heureux celui qui a pu faire don à la société d'une pareille invention! Il a travaillé pour l'humanité entière, pour la gloire de la France et pour la sienne propre.

Les distractions blessent quand elles ne font pas rire; les distractions d'Ampère excitaient la gaieté, et cependant il faut bien qu'elles aient blessé quelques personnes, puisqu'on a été jusqu'à les croire calculées.

Cette grave imputation ne mérite même pas une réfutation sérieuse : faire du distrait une sorte de mélange obligé du trompeur et de l'hypocrite, ce serait se résoudre à déchirer d'excellents feuillets de la Bruyère, et condamner au feu une agréable comédie de Régnard. Il est encore une autre conséquence qui répugnerait davantage : l'inimitable fabuliste cesserait d'être le *bonhomme,* comme le baptisa Molière.

Ce n'était pas seulement l'esprit distrait d'Ampère, c'était aussi sa crédulité qui était devenue proverbiale. Cet homme si instruit, si supérieur, ce puissant génie en matière scientifique, était l'homme le plus facile à abuser qu'il y eût au monde. On lui faisait accepter, sans efforts de persuasion et coup sur coup, les événements les plus fantastiques dans le monde politique, les faits les plus étranges dans l'ordre physique.

Cet aveu ne doit porter, du reste, aucun préjudice à la grande et légitime réputation de perspicacité du célèbre académicien. Chez lui la crédulité était le fruit de l'imagination et du génie.

En entendant raconter une expérience extraordinaire, son premier sentiment était sans doute la surprise; mais bientôt après, cet esprit si pénétrant, si fécond, apercevant des *possibilités* là où des intelligences communes ne découvraient que le chaos, il n'avait plus ni trêve ni cesse qu'il n'eût tout rattaché, par des liens plus ou moins solides, aux principes de la science.

Une explication non moins rationnelle et non moins justifiée par le beau caractère du savant physicien peut être ajoutée à celle-ci. Dans son culte pour la vérité, dans la simplicité presque naïve de son cœur, dans la force de ses principes religieux, Ampère aimait mieux admettre le vrai dans l'invraisemblable que de douter de la parole d'un homme qu'il estimait. Ce trait de caractère est trop honorable pour ne pas être indiqué.

Puisque nous parlons de caractère, rendons ici hommage au patriotisme d'Ampère. Les événements de 1814 bouleversèrent son âme. Le bruit des armes retentissait dans l'Europe entière, les nations allaient se heurter sur un champ de bataille inconnu ; de ce choc terrible pouvait naître pour de longues années l'asservissement de la France et du monde. D'autre part, d'ardentes passions politiques se déchaînaient : l'égoïsme caché au fond des cœurs se faisait jour ; c'en était plus que le patriotisme d'Ampère n'en pouvait supporter.

« Je suis comme le grain entre deux meules, écrivait-il à ses amis de Lyon ; rien ne saurait exprimer le déchirement que j'éprouve. Je n'ai plus la force de supporter la vie ici. Il faut à tout prix que j'aille vous rejoindre ; il faut surtout que je fuie ceux qui me disent : « Vous n'avez rien « à craindre ; vous ne souffrirez pas personnellement ; » comme s'il *pouvait être question de soi-même* au milieu de semblables catastrophes !... »

Il était rare que les sentiments douloureux que les événements publics inspiraient à Ampère se fissent jour ; d'ordinaire sa timidité les lui faisait concentrer soigneusement en lui-même ; à peine en trouve-t-on les traces dans sa correspondance intime.

Deux fois cependant la mesure devint comble ; elle déborda violemment. S'il fallait citer un désespoir égal à celui qu'éprouva l'illustre géomètre en apprenant la prise de Praga[1] et plus tard la chute de Varsovie[2], ce serait parmi les hommes voués à la culture des sciences qu'on le trouverait.

Il faudrait montrer Ruelle entrant dans son amphithéâtre, les habits en désordre, la figure pâle, les traits décomposés, et commençant une leçon de chimie par ces paroles, qu'on doit priser autant que la plus belle expérience :

« Je crains de manquer aujourd'hui de clarté et de méthode ; j'ai à peine la force de rassembler, de combiner

[1] Faubourg de Varsovie.
[2] Événements de Pologne, 1830-1831.

deux idées ; mais vous me pardonnerez quand vous saurez que la cavalerie prussienne a passé et repassé sur mon corps pendant toute la nuit ! »

On avait appris la veille à Paris le résultat de la bataille de Rosbach...

Mais revenons à Ampère. Aucune espèce d'égoïsme n'effleura jamais son cœur ; ce cœur était ouvert à tous les sentiments généreux ; il embrassait le monde entier : le temps passé, le temps présent et le temps à venir. Il avait le don de s'assimiler à ceux dont on lui racontait la vie, dont il lisait l'histoire. Les souffrances des sujets de Sésostris, de Xerxès, de Tamerlan, trouvaient en lui une fibre sensible, comme les souffrances des pauvres paysans de la Bresse, parmi lesquels sa jeunesse s'était écoulée.

Ces qualités n'empêchaient pas Ampère d'apporter dans la discussion une extrême vivacité, presque de la brusquerie ; mais au fond et quand même, il restait loyal, tolérant, à l'abri des passions haineuses que l'amour-propre et les idées préconçues amènent ordinairement à leur suite.

C'est ainsi que dans des notes manuscrites de M. Bridin [1] on trouve cette phrase remarquable : « Des discussions très animées s'élevaient journellement entre nous ; elles furent l'origine de la sainte et indissoluble amitié qui nous a constamment unis. »

Un auteur de roman, continue Arago après avoir rappelé ce fait caractéristique, croirait aujourd'hui blesser la vraisemblance s'il plaçait l'amitié au nombre des conséquences possibles d'une vive discussion, et il ne se permettrait de pareilles hardiesses qu'en transportant ses personnages dans le pays de la fable. Ampère n'était pas seulement disposé aux amitiés sérieuses et profondes ; il était généralement porté à la bienveillance. Jamais homme ne fut plus abordable ; son cabinet de travail s'ouvrait à toute heure et à tout venant ; on n'en sortait pas, il faut l'avouer, sans qu'il vous demandât si vous connaissiez le jeu des échecs.

[1] Savant médecin avec lequel Ampère étudia la doctrine métaphysique de l'*absolu*.

La réponse était-elle affirmative, il s'emparait du visiteur et joutait contre lui, bon gré, mal gré, pendant des heures entières ; et, dans sa candeur, il ne s'apercevait pas que les inhabiles eux-mêmes connaissaient un moyen infaillible de le vaincre : quand les chances commençaient à leur être trop défavorables, ils déclaraient en termes positifs qu'après de mûres réflexions, le chlore était définitivement pour eux de l'acide muriatique oxygéné ; que l'idée d'expliquer les propriétés de l'aimant à l'aide des courants électriques pouvait être prise pour une vraie chimère, etc. Ampère s'emportait, et, outre le chagrin de se trouver en présence d'adversaires de ses idées favorites, il ne tardait pas à avoir celui d'être *échec et mat*.

« Il faut savoir, nous apprend à ce sujet M. Babinet dans un de ses entretiens scientifiques, qu'Ampère avait quelque prétention à bien jouer ce que Delille appelle :

Le jeu rêveur qu'inventa Palamède,

et qu'il prisait fort la réputation qui pouvait lui être faite à cet égard.

« Or il consultait un jour en ces termes un naïf habitué de la régence : « Vous êtes de première force aux « échecs ? — Oui, Monsieur ; mais il y a encore deux ou « trois personnes qui sont plus fortes que moi. — Quels « sont donc ceux de la deuxième force ? — Messieurs tels « et tels. — Et ceux de troisième force ? » L'habitué désigna un grand nombre de personnes sans y comprendre Ampère. « Et moi, dit timidement celui-ci, de quelle force « suis-je ? — Oh ! vous, Monsieur, répondit le candide « interlocuteur, *vous n'êtes d'aucune force*. »

Le critique peu clairvoyant ne tenait pas compte des moyens étrangers au jeu et à ses combinaisons difficiles, par lesquels on savait si habilement interrompre et troubler les calculs du savant joueur ».

VIII

Nous ne résistons pas au désir de compléter cette notice par quelques anecdotes devenues en quelque sorte légendaires.

Toujours absorbé par ses méditations, même au milieu du mouvement de la capitale, Ampère réfléchissait un jour sur la solution d'un problème important. Aviser un omnibus qui se trouvait en ce moment en station, tirer de sa poche un morceau de craie, fut pour lui l'affaire d'un instant. Le voilà couvrant de x, de $+$, de $=$ un panneau qu'il prenait sans doute pour le tableau de l'amphithéâtre de la Sorbonne. Il était sur le point d'arriver à une solution depuis longtemps cherchée, lorsque, le sifflet donnant le signal du départ, le véhicule s'ébranla, emportant avec lui l'équation ébauchée.

Un autre jour, Ampère se rendait à son cours. Il trouve sur sa route un petit caillou qu'il ramasse, et dont il se met à examiner avec curiosité les veines bigarrées. Tout à coup le cours qu'il doit faire lui revient à l'esprit : il tire sa montre de son gousset, et, s'apercevant que l'heure approche, il double précipitamment le pas, place soigneusement le caillou dans son gousset, et lance sa montre par-dessus le parapet du pont des Arts.

Mais c'est surtout à son cours de l'École polytechnique, au milieu des élèves, que ses distractions éclataient dans toute leur singularité.

Il était rare que l'arrangement de son costume ne s'en ressentît pas, et ce qui ne manquait presque jamais, c'était de le voir, à la suite d'une démonstration, essuyer le tableau avec son foulard et mettre dans sa poche le torchon traditionnel ; toutefois, bien entendu, après s'en être préalablement *servi*, ce qui enfarinait son visage à la façon d'un garçon meunier.

On ne se faisait pas faute de rire à chacune de ses distractions, presque quotidiennement répétées, mais sans que le savant et sympathique professeur perdît pour cela son ascendant sur cette jeunesse intelligente et sérieuse, qui l'entourait du plus profond respect.

Puisque nous avons consacré un paragraphe à ces souvenirs anecdotiques, remontons aux premières années de la vie de l'éminent physicien, et assistons à une scène vraiment typique.

Il ne s'agit plus des distractions d'Ampère ; c'est de sa passion pour l'étude, de son désintéressement de toutes les commodités de la vie quand il s'agit de poursuivre la solution d'un problème, de son ingéniosité à créer, à improviser des agents soumis à sa volonté, à suppléer, en un mot, par des moyens nouveaux à ceux qui peuvent lui manquer.

C'était à l'époque où Ampère, enfant, et ne sachant encore ni lire ni écrire, ne connaissant pas les caractères qui représentent les nombres, avait imaginé, afin de donner essor à son étonnante aptitude pour le calcul, de se servir de petits cailloux, ou, à défaut de ceux-ci, de pois, de haricots, etc.

Le jeune arithméticien tomba malade, et les médecins ne manquèrent pas d'attribuer sa fièvre à la fatigue causée par ses continuelles préoccupations mentales. Mme Ampère, alarmée, fit aussitôt disparaître la collection de cailloux et de haricots amassée par son fils, dont la vie fut en danger pendant plusieurs semaines.

Les premières paroles de l'enfant furent pour réclamer ses cailloux ; Mme Ampère lui déclara qu'il ne devait plus penser, pour le moment du moins, à ses calculs qui, en le rendant malade, avaient été si près de le ravir à sa tendresse, et refusa de lui remettre sa boîte à cailloux.

Ampère était trop faible pour insister ; il ne dit rien, et sa mère crut l'avoir convaincu de la nécessité de l'obéissance. Peut-être en était-il ainsi, car le caractère de l'enfant était doux et soumis ; de plus, il avait pour sa mère, qui le méritait à tous égards, un sentiment profond de vénération et d'amour. Toutefois le travail de la pensée fut plus fort chez lui que la volonté d'obéir : quelques instants après, Mme Ampère ayant donné, avec l'agrément du médecin, un biscuit au jeune malade, qui n'avait pris aucune nourriture solide depuis vingt jours et qui se plaignait de la faim, dut quitter la chambre. Quand elle y rentra, le petit garçon, après s'être soulevé péniblement sur ses oreillers, était occupé à aligner ces mystérieuses colonnes au moyen desquelles il opérait des calculs arithmétiques vraiment prodigieux. Les petits cailloux étaient remplacés par des parcelles de biscuit que l'enfant affamé avait eu le courage de ne pas manger.

Pour cette nature d'élite, la faim de l'intelligence était plus impérieuse que celle du corps. Mme Ampère avait elle-même un esprit assez élevé pour comprendre tout ce qu'il y avait de promesses d'avenir dans ce trait enfantin.

IX

Ampère ne devait pas seulement se survivre par les nombreuses et importantes découvertes dont il a enrichi la science ; il laissait un fils.

Ce fils, qui lui survécut près de trente ans, porta avec éclat le nom illustre qui lui avait été légué, ainsi qu'en témoignent les éloges éloquents prononcés sur sa tombe, le 1er avril 1864, par MM. Guizot et de Saulcy.

« Je ne connais rien de plus profondément triste, dit le premier, que d'accompagner au tombeau les amis qu'on croyait, qu'on devait croire destinés à nous y conduire. M. Ampère était un de ceux sur la sympathie desquels je comptais le plus auprès de mon cercueil, et c'est moi qui suis appelé à exprimer la mienne sur le sien !...

« Il y a soixante-quatre ans, M. Ampère naissait, et j'étais près de terminer mes études, ces études qui ont rempli sa vie et tenu tant de place dans la mienne. Vingt ans plus tard, entré depuis quelque temps dans le monde et dans les lettres, je l'y voyais entrer à son tour. C'était un temps de grande et noble activité intellectuelle, un temps où des perspectives nouvelles s'ouvraient, où des idées nouvelles sur la philosophie, sur la littérature, sur l'histoire, s'élevaient et se déployaient... M. Ampère se lança dans ce mouvement avec toute l'ardeur, toute la confiance, toute la sincérité de la jeunesse. Il écrivait dans les journaux, il faisait des livres, il faisait des cours, il causait partout ; il causait déjà avec cette verve et cette abondance à laquelle tous ceux qui l'ont rencontré et qui ont vécu avec lui ont dû tant de plaisirs.

« Encore quelques années, et j'avais le bonheur de l'appeler à la chaire de littérature du collège de France, puis de contribuer à lui ouvrir les portes de l'Académie des inscriptions et de l'Académie française.

« Mais ni l'enseignement, ni la société, ni les livres, ne suffisaient à épuiser la richesse et l'activité variée de son esprit. Dès sa jeunesse et jusqu'à ses dernières années, avec autant d'énergie que de souplesse, M. Ampère a uni la vie errante à la vie studieuse, promenant son insatiable curiosité de Norwège en Égypte, d'Europe en Amérique, avide de tout observer, de tout étudier, les hommes comme les monuments, les sociétés anciennes et les nouvelles, les institutions comme les langues, rapportant de ses voyages et de ses études autant d'idées que de faits, et les communiquant, les répandant dans le monde lettré, par ses conversations comme par ses écrits, avec un charme inexprimable.

« Et dans cette vie si active, en même temps qu'il prenait intérêt à tout, il était parfaitement étranger à toute prétention ambitieuse : il n'a jamais été l'ennemi ni le rival de personne, et par l'étendue, la liberté, la bonté d'esprit qui lui étaient naturelles, il se faisait partout des amis... Dans tous les partis, dans toutes les opinions, à force d'intelligence, d'équité et de sympathie pour le bien, il savait démêler, admirer et aimer ce qu'il rencontrait d'idées justes et de sentiments élevés.

« ... Quelqu'un qui est ici, près de moi, un de ses amis et des miens aussi, et des meilleurs, M. Villemain, me disait hier : « Il a remplacé la famille par l'amitié. »

« Juste et belle expression de la manière dont M. Ampère a mené sa vie. Personne, en effet, n'a goûté et n'a fait goûter mieux que lui les biens et les charmes de l'amitié, et c'est au sein de ce rare bonheur qu'il a passé ses dernières années, entouré de soins fraternels et aimé comme il aimait.

« Quand on s'en va après avoir ainsi vécu, dans un tel état d'âme et en laissant derrière soi de tels souvenirs, on peut passer sans trouble de ce monde dans le monde inconnu, et du temps dans l'éternité ! »

M. de Saulcy, à son tour :

« Jean Ampère était né à Lyon le 12 août 1800. Le nom que devait lui léguer son père était lourd à porter ; mais, en homme que noblesse oblige, Ampère a su se montrer le digne fils du savant illustre auquel il devait succéder dans la vie.

« Il fit ses études à Paris, sous les yeux de ce père si haut placé dans l'estime de ses contemporains, dans l'admiration de la postérité, et ce contact de tous les instants fut pour lui un stimulant irrésistible.

« Mais l'étude des sciences physiques et mathématiques n'avait pas pour son esprit le même attrait que celle de la littérature. Il comprenait d'ailleurs l'immense difficulté qu'il y aurait pour lui à continuer les merveilleux travaux qui avaient valu au nom qu'il portait une célébrité universelle. Il aima donc mieux en conquérir une seconde et qui fût bien à lui.

« Les littératures allemande, anglaise, scandinave, devinrent pour Ampère les objets d'un culte passionné, et les premiers travaux qu'il publia lui valurent une juste renommée.

« Disons en passant qu'il fut l'un des élèves les plus distingués d'Abel Rémusat, et que sous son habile direction il se livra avec succès à l'étude de la langue chinoise.

« Il était réservé à Ampère de voir dès sa jeunesse de hautes amitiés récompenser ses nobles efforts. »

IV

MORSE (Samuel-Finlay-Bresse)

(1792-1872)

I

L'idée de la télégraphie électrique était trouvée et le problème résolu en principe. Il ne s'agissait plus que de modifications à apporter à la partie matérielle, et ce n'était là qu'une question de mécanique qui ne devait pas tarder à rencontrer sa solution.

La découverte d'Ampère et l'idée qu'il avait eue tout d'abord de l'appliquer à la transmission rapide de la pensée étaient à peine connues, qu'un Anglais, Wheatstone, faisait entrer le système du savant français dans la pratique, grâce à une combinaison qui permettait de diminuer le nombre des fils.

Il arriva ainsi à construire un appareil qui put être utilisé. Cet appareil se composait de cinq aiguilles aimantées et de six fils.

Des recherches faites simultanément conduisaient Ronalds, en 1823, à construire un télégraphe à cadran, dont les signaux apparaissaient les uns après les autres par une petite ouverture.

Neuf ans plus tard, en 1832, le baron Schilling imaginait un appareil dans lequel tous les signaux étaient produits par l'aiguille aimantée.

Cependant le système Wheatstone, tout compliqué qu'il fût, restait le plus pratique, et lorsque, avec le concours de Cook, il arriva à réduire à deux le nombre des aiguilles, son appareil sembla avoir réalisé la perfection de l'art télégraphique.

Il n'en était rien : à un peintre de New-York, le célèbre Morse, était réservé l'honneur de compléter la pensée d'Ampère, et de lui donner ce caractère de simplicité et de régularité qui fait de l'électricité un intermédiaire presque intelligent de la pensée humaine.

L'appareil qui eut ainsi le mérite de faire entrer la télégraphie dans la pratique habituelle de la vie privée, aussi bien que dans celle de la vie publique, fut présenté, en 1838, par Morse à l'Académie des sciences de Paris.

C'est cette démarche de l'inventeur et l'adhésion que lui donna l'Académie qui nous ont engagé à placer dans ce volume la biographie du savant américain, bien que, dans notre plan, des noms français seuls soient appelés à prendre place dans la première série de nos études sur les hommes utiles.

Mais avant de nous occuper de Morse et de l'amélioration décisive qu'il introduisit dans l'art télégraphique, amélioration qui l'a classé parmi les inventeurs de cet art, voyons ce qui se faisait chez nous pendant que le célèbre Américain luttait, de l'autre côté de l'Océan, contre les mille obstacles que rencontrent presque nécessairement sous leurs pas les promoteurs de toutes les nouveautés scientifiques ou industrielles.

On n'avait réalisé encore en France aucun progrès appréciable dans l'art de la télégraphie électrique, lorsque, en 1845, Arago porta à la tribune de la chambre des députés cette intéressante question.

Plus apte que nul autre à traiter cet important sujet, tant au point de vue de la science qui permettait d'établir les conditions et les résultats pratiques de la construction de grandes lignes, que sous le rapport des avantages immenses qui devaient résulter de cette nouvelle facilité de communications rapides entre tous les points du monde, le savant académicien obtint le vote du crédit jugé nécessaire pour établir une ligne d'essai entre Paris et Rouen, trois cent trente-huit kilomètres.

Cette même année 1845, M. Bréguet imaginait un premier système imitant les signaux du télégraphe aérien, lequel était adopté par le gouvernement, qui s'en est longtemps servi, de même que le cadran Bréguet, avec lettres et chiffres, devait être employé pour les correspondances des administrateurs du chemin de fer et pour celles des particuliers, jusqu'au moment où le *télégraphe écrivant* est venu remplacer pour ces derniers le télégraphe à cadran, lequel n'est plus guère en usage que dans les bureaux stationnaires des chemins de fer.

Un des plus grands inconvénients du télégraphe à cadran est la grande habitude, la minutieuse attention qu'exige, dans ce système, la transmission des dépêches. « La manipulation, on le comprend, en est délicate et la lecture difficile. Il faut, en effet, saisir chaque lettre au passage sans qu'il soit possible de retarder les mouvements lorsqu'on est embarrassé. Un employé habile peut arriver à transmettre une lettre par seconde... Il arrive souvent que les aiguilles sont en désaccord, par suite d'un mauvais réglage de l'appareil, et bien que ce défaut puisse être aisément réparé, il ne laisse pas que de causer de l'embarras à l'employé qui reçoit la dépêche. »

L'appareil écrivant, au contraire, facilite singulièrement le travail de l'employé, et, en même temps qu'il assure plus d'exactitude et de régularité à la dépêche, il dégage ceux qui l'emploient de presque toute responsabilité.

C'est à Morse, inventeur réel du système[1], qu'est dû ce multiple avantage.

Nous ne décrirons pas dans ses détails le système Morse; nous dirons seulement, avec un savant appréciateur, que « dans ce procédé on est indépendant de l'aptitude plus ou moins grande de l'employé chargé de lire les signaux. La machine devient un agent intellectuel qui n'est pas sujet à des distractions, à des méprises, à mille autres accidents. Cette délégation du travail de précision à des agents méca-

[1] La première idée du télégraphe écrivant est due, paraît-il, à Steinhell; mais l'appareil qu'il construisit était plutôt un instrument d'expérimentation qu'un agent de transmission courante, ce qui laisse à Morse tout l'honneur de son œuvre.

niques est le trait caractéristique de toutes les merveilles de l'industrie moderne : l'homme délègue son intelligence à la machine ».

II

Fils d'un savant géographe américain, Samuel Morse naquit en 1792 à Charlestown (Massachusetts). Il fit d'excellentes études, et se consacra enfin à l'art de la peinture, dans lequel il obtint, à Londres et aux États-Unis, des succès mérités.

Lié à Washington avec Lafayette, dont il fit le portrait, il apprit à aimer la France en écoutant son éloge sortir des lèvres de celui qui avait tant fait pour l'indépendance de l'Amérique ; un peu plus tard, il vint à Paris étudier les chefs-d'œuvre rassemblés au Louvre, et en copia quelques-uns.

C'est à la suite de ce séjour, et en faisant la traversée du Havre à New-York sur le *Sully* (1832), qu'il conçut la première idée de son télégraphe électro-magnétique.

Un jour, à la table du bord, la conversation tomba sur une expérience de Franklin, qui avait vu l'électricité franchir en un instant inappréciable un espace de huit kilomètres.

« Mais il y a là un précieux agent de communication à distance, » s'écria Morse.

Et, à partir de ce moment, la pensée de soumettre cette force de la nature, si longtemps inutilisée, et de la contraindre à se plier au service de l'homme pour lui servir d'intermédiaire et de courrier, ne le quitta plus.

Il y songea pendant tout le reste du voyage ; il en causa avec quelques hommes compétents qui faisaient avec lui la traversée, et, comme il avait précédemment fait une étude approfondie des phénomènes de l'électricité ainsi que des lois de la mécanique, avant d'arriver dans sa patrie il avait, par la pensée, résolu le problème qu'il s'était posé à lui-même, qui ainsi lui appartenait en propre, mais dont il eut la modestie de vouloir partager l'honneur avec ses compagnons de voyage.

En quittant le paquebot, il s'approcha du capitaine William Pell, et lui serrant cordialement la main :

« Quand mon télégraphe, lui dit-il, sera devenu la merveille du monde, souvenez-vous que la découverte en a été faite à bord du *Sully*, le 13 octobre 1832. »

A peine débarqué, Morse se mit à l'œuvre, et, comme son séjour de trois années sur le continent n'avait pas rempli sa bourse, tant s'en fallait, il dut recourir aux industries les plus ingénieuses pour suppléer au manque d'argent, ce grand levier de toute entreprise humaine.

C'est ainsi que, pour fabriquer son premier modèle, il se contenta d'un vieux cadre de tableau pris dans son atelier, de rouages en bois d'une horloge qu'il acheta cinq francs, et d'un électro-aimant que lui donna un professeur de ses amis. C'est avec ce grossier appareil que furent faites, de 1835 à 1836, plusieurs expériences concluantes.

L'année suivante, Morse, ayant pu modifier et améliorer son appareil, en fit la démonstration et l'expérience devant les membres de l'université de New-York, et demanda au congrès des États-Unis l'examen et l'adoption de son système.

A la suite de cette démarche, des expériences officielles furent faites sur une distance de seize kilomètres, en présence d'une commission de l'Institut de Philadelphie et d'une délégation du congrès.

« Le résultat de ces expériences excita dans le comité nommé par le congrès un intérêt très vif ; mais le scepticisme de quelques membres de ce comité se communiqua à la majorité du congrès, qui laissa l'essai sans conclusion. »

C'est alors que Morse vint en Europe, et soumit son appareil à l'Académie des sciences de Paris et à la Société royale de Londres. Au point de vue scientifique, son système fut très apprécié, très loué ; mais sous le rapport pratique, c'est-à-dire touchant l'aide à espérer du gouvernement, Morse ne réussit pas plus en Angleterre et en France qu'il ne l'avait fait aux États-Unis.

Il retourna dans sa patrie, « et sans appui, sans influence, avec peu d'espérance, mais avec toute l'énergie et la ténacité du caractère américain, il lutta pendant quatre ans contre l'indifférence de ses compatriotes et la tiédeur du congrès. »

Enfin, en 1843, sa persévérance fut couronnée de succès : une somme de 30,000 dollars[1] lui fut accordée à titre d'encouragement. Il put ainsi se livrer à des expériences décisives. La ligne qui relie Washington à Baltimore fut achevée dès l'année suivante.

III

Le système de Morse jouit de plusieurs avantages incontestables.

Il n'exige pour sa manœuvre qu'un seul fil électrique, et, ainsi que nous le disions tout à l'heure, il réalise ce qu'en un autre siècle on eût assurément considéré comme un acte surnaturel : le télégraphe écrivant.

Au lieu, en effet, de faire simplement des signaux, « il écrit la dépêche, et l'employé garde entre ses mains un document certain, palpable, lisible, qui est garant de sa véracité et de son exactitude. »

La vitesse de transmission varie, on le conçoit, selon la nature et la longueur de la ligne télégraphique sur laquelle fonctionne l'appareil ; toutefois on peut compter en moyenne sur vingt-cinq mots par minute[2].

L'appareil Morse se compose de quatre éléments distincts :

1° Un système électro-magnétique complet, qui reçoit l'impression électrique transmise à distance ;

2° Une bascule armée d'un style qui traduit, par un mou-

[1] 150,000 francs.

[2] De nombreux perfectionnements ont été apportés au système Morse, dont l'usage est aujourd'hui universel. On s'est efforcé surtout de construire des manipulateurs plus commodes et des récepteurs plus parfaits.

vement mécanique, les réactions électriques transmises à distance ;

3° Un système mécanique ou mouvement d'horlogerie, qui, en déroulant une bande de papier devant le style, permet à celui-ci de laisser une trace durable des différents mouvements qu'il accomplit ;

4° Enfin, un manipulateur réagissant sur le courant électrique.

Ce système, successivement accepté par l'Autriche, la Prusse et la Suisse, fut adopté, en 1856, par l'administration des télégraphes français.

En 1858, les gouvernements de l'Europe se réunirent pour offrir à Morse, à titre de récompense internationale, une somme de 400,000 francs.

Grâce à cet hommage de reconnaissance, Morse, qui n'avait pas de fortune, — contre l'habitude de ses compatriotes, aussi habiles en général à exploiter une idée que persévérants et ingénieux à lui faire rapporter la plus forte somme possible de profits, — put reprendre ses pinceaux, qu'il aimait et qu'il n'avait déposés qu'à regret.

Il s'établit sur les bords de l'Hudson, dans une retraite charmante, où les voyageurs, et surtout les Français, ont toujours trouvé un accueil empressé.

Un de ses grands désirs était de faire un nouveau voyage dans l'ancien continent, afin d'y voir fonctionner son appareil. Il y avait dans ce désir plus qu'une satisfaction d'orgueil personnel ; Morse obéissait surtout à ce sentiment patriotique inhérent à tout membre d'une société nouvelle, qui, après avoir reçu du dehors les premiers éléments de sa civilisation, commence à son tour à prendre place dans la marche du progrès humain.

L'exposition maritime internationale du Havre, qui, en 1868, eut un si grand retentissement de l'autre côté de l'Océan, vint lui fournir l'occasion de réaliser ce vœu.

Il passa quelques mois en France, et retourna achever paisiblement dans sa chère retraite des bords de l'Hudson une carrière toute remplie par le travail et honorée par la pratique des vertus privées les plus remarquables.

Les dernières années de sa vie furent employées, assure

t-on, à de longues et patientes recherches sur le moyen, qu'il croyait fermement pouvoir réaliser, de guérir la surdi-mutité par l'emploi de l'électricité.

Il a laissé à cet effet des appareils très ingénieux, qu'au moment de sa mort il s'occupait à perfectionner.

Nous ne terminerons pas cette notice sans constater la part prise par le nouveau monde, sinon au progrès de la science, du moins à la mise en pratique des découvertes faites par les savants européens.

Nous aurons à revenir sur ce sujet; disons dès à présent que, parmi les moyens mis à la disposition du physicien de New-York pour développer son système et donner à ses appareils la puissance qui en fit une des merveilles de l'exposition de 1855, les travaux de ses concitoyens tiennent une place considérable.

Pour n'en citer qu'un exemple, nous rappellerons que « le premier aimant très fort, produit au moyen du fer électrique, a été dû à M. Henri de Princeton, Français d'origine, croyons-nous, mais né et habitant aux États-Unis. Cet aimant portait le poids de plusieurs pièces de canon.

« A l'exposition de 1855, M. de Princeton avait envoyé un appareil vraiment formidable, que l'on aurait pu faire travailler pour des mouvements à petite portée.

« Au moment où l'exposant montrait son appareil à un de nos savants électriciens, en lui disant qu'il suffisait du simple contact d'un fil conducteur pour rapprocher par une force irrésistible les deux mâchoires d'une espèce d'étau, un élégant tout à fait incrédule offrit de mettre son doigt entre les deux pièces mobiles.

« L'exposant lui dit qu'il ne lui conseillait pas d'y mettre même le beau stick de Verdier que le fashionable balançait gracieusement dans sa main.

« Celui-ci voulut à toute force en faire l'essai, la badine fut écrasée comme une paille à l'instant du contact qui établissait le courant.

« Après le premier étonnement, on rit un peu aux dépens de l'incrédule, qui s'éloigna sans vouloir reprendre sa badine. »

V

BABINET (Jacques)

(1794-1872)

I

Comment le nom de M. Babinet se rattache-t-il à la télégraphie ?

Lui-même va nous l'apprendre :

« Si l'on mesurait l'autorité scientifique au temps qui s'est écoulé depuis le moment où l'on s'occupe d'un sujet, je serais certainement, écrivait-il le 11 novembre 1860, le doyen de ceux qui ont étudié la télégraphie électrique.

« Dès 1822, j'ai publié, conjointement avec Ampère, un précis des travaux des physiciens sur les courants électriques. Cet opuscule, dont je n'étais que le rédacteur, fut traduit en toutes les langues, et il fait encore foi dans les procès relatifs à la priorité d'invention des télégraphes. »

M. Babinet ne s'est jamais désintéressé de la question dont il avait aidé à poser les bases, et quand la télégraphie, se trouvant trop à l'étroit dans sa marche à travers les continents, a songé à franchir les mers, les câbles sous-marins ont dû au spirituel académicien non seulement la faveur de l'opinion publique, mais encore d'heureuses modifications.

Les titres de M. Babinet à prendre place parmi les inventeurs de la télégraphie étant ainsi posés, occupons-nous de sa personne.

C'est avec une juste raison qu'on a dit de lui qu'il était « le plus spirituel des savants, et le plus savant des hommes d'esprit de notre époque ». On ne doit donc pas s'étonner de le voir figurer au premier rang de ces vulgarisateurs qui, depuis un demi-siècle environ, s'efforcent de mettre à la portée des gens du monde et des classes populaires les questions jusque-là inabordables pour eux des sciences abstraites.

Né à Lusignan (Vienne) le 5 mai 1794, Jacques Babinet se distingua très jeune par un goût particulier pour les mathématiques, goût qui se fortifia au lycée Napoléon, où sa famille le plaça pour compléter ses études.

Il entra à l'École polytechnique, puis à l'École d'application de Metz, et ensuite, en qualité de lieutenant, au 5e régiment d'artillerie.

Ses connaissances dans l'art militaire, qu'il avait étudié avec l'ardeur qu'il apportait à tout ce dont il s'occupait, jointes au sérieux de son caractère, à la promptitude et à la justesse de son esprit d'observation, le firent attacher, avec des fonctions spéciales, au service de l'artillerie de Metz, lors de l'investissement de cette place en 1814.

La manière dont il s'acquitta de ses fonctions lui permettait d'espérer un brillant avenir militaire, lorsqu'en 1815 il quitta tout à coup la carrière des armes pour se livrer exclusivement à l'étude des sciences.

D'abord professeur de physique au collège de Fontenay-le-Comte (Vendée), et quelque temps après à Poitiers, il revint à Paris, en octobre 1820, occuper une chaire de physique au collège Saint-Louis, au moment de sa fondation.

Nommé un peu après, à l'École polytechnique, examinateur de physique pour la sortie, et plus tard, examinateur de géométrie descriptive, d'analyse appliquée et de géodésie, il conserva ces importantes fonctions jusqu'au moment de sa retraite, en 1864.

Tout en remplissant ses devoirs de professeur, il fit avec succès plusieurs cours de météorologie à l'Athénée, et fut un des premiers à inspirer le goût de l'étude des phénomènes atmosphériques ; il suppléa ensuite Savart au collège de France, Pouillet à la faculté des sciences, et ses auditeurs se souviennent encore des observations judicieuses et spirituelles qu'il savait répandre à profusion dans ses leçons.

Le 17 février 1840, il était élu membre de l'Académie des sciences, en remplacement de Dulong.

« Les travaux scientifiques de Babinet, dit un de ses savants confrères[1], sont nombreux et touchent à diverses parties de la physique... On connaît le perfectionnement qu'il fit subir à la machine pneumatique, perfectionnement dont il avait eu l'idée quand il commença à professer la physique à Fontenay, et qui lui valut de la part de l'Académie une partie du prix de mécanique pour l'année 1830.

« Quelque temps après, il proposa un nouvel hygromètre à fil de soie d'une marche plus régulière que celui de Saussure, et qui fut l'objet d'un avis favorable de Fresnel et de Dulong.

« Le goniomètre qui a reçu son nom est également devenu classique. Jusque-là, l'observation des raies du spectre solaire, suivant la méthode de Fraünhofer, était une expérience d'une installation délicate; en remplaçant la mire éloignée qui servait antérieurement par une lunette fixée sur l'appareil, c'est-à-dire par un collimateur, Babinet rendit cet instrument très maniable, et apporta un grand perfectionnement à la spectroscopie; ce qui a facilité certainement, dans une large mesure, l'étude spectrale des flammes, dont on a fait de si heureuses applications dans ces dernières années... Par le fait, cet instrument, perfectionné depuis, est devenu comme le laboratoire de l'optique physique...

« ... C'est d'ailleurs aux expériences d'optique que Babinet se livra plus spécialement, et ses recherches sur les couleurs des réseaux sont peut-être les plus importantes qui lui soient dues. En ce qui concerne l'application qu'il a projeté d'en faire pour déterminer l'influence du mouvement de translation de la terre sur la vitesse de la lu-

[1] M. Ed. Becquerel, membre de l'Académie des sciences, section de physique. — Discours prononcé aux funérailles de J. Babinet, le mercredi 23 octobre 1872.

mière, il faut attendre que l'expérience ait prononcé sur ces matières controversées ; mais ce qui reste acquis à la science, c'est la théorie simple qu'il a donnée des phénomènes offerts par les réseaux, et la méthode à laquelle les observateurs ont demandé depuis les meilleures mesures de longueurs d'onde.

« Dans une suite de mémoires, l'infatigable observateur chercha à analyser et à classer les caractères physiques des minéraux, et contribua bien certainement à appeler l'attention des physiciens et des minéralogistes sur ces phénomènes. Il consacra beaucoup de temps et de travail à rassembler et à étudier une collection minéralogique créée à ce point de vue.

« Il avait une sorte de prédilection pour l'étude des phénomènes naturels, et la physique du globe l'intéressait au plus haut degré ; il donna un nouveau tracé des cartes géographiques ; la pluie, les mouvements atmosphériques, les courants marins, les marées, les variations de la pesanteur, lui fournirent le sujet de plusieurs mémoires et de notices très intéressantes.

« Les effets lumineux de l'atmosphère furent analysés par lui avec soin ; il expliqua les différentes circonstances de leur production, ainsi que les colorations singulières que présentent parfois les astres.

« Son mémoire sur l'arc-en-ciel est un travail très complet ; il observa les arcs successifs produits avec un cylindre de verre, opéra sur les vernis liquides, et essaya même de déterminer les variations que l'indice de réfraction pouvait subir par l'effet de la chaleur.

« Les physiciens lui doivent encore plusieurs appareils ingénieux parmi lesquels on peut citer son polariscope, son photomètre, ainsi que son compensateur ; du reste, les expériences et les méthodes qu'il a imaginées sont généralement en usage...

« Babinet était non seulement un expérimentateur ingénieux et inventif, mais encore un écrivain d'une grande érudition littéraire et scientifique, très versé dans les langues anciennes, et dont le style souvent original présente de brillantes qualités.

« Au début de sa carrière scientifique, en 1822, il résuma, ainsi que nous l'avons dit, en collaboration avec Ampère, la théorie des phénomènes électro-dynamiques. Depuis il a fait paraître un certain nombre d'ouvrages didactiques et aussi de science vulgarisée, qui ont certainement contribué à populariser en France les questions scientifiques les plus intéressantes relativement à la physique céleste et aux phénomènes météorologiques. Il portait de préférence son attention sur les nouveautés scientifiques, et il savait mettre à la portée de tous les théories en apparence les plus compliquées. »

Tels sont les services rendus à la science par Babinet ; si nous avons insisté à ce sujet, si nous avons tenu à nous servir de la plume d'un de ses collègues de l'Institut, c'est d'abord parce que jusqu'à ce jour, croyons-nous, aucune notice sur ce savant physicien n'ayant été publiée, les détails de sa vie laborieuse et utile sont peu connus, ensuite et surtout parce que, pour beaucoup de contemporains, son nom, par suite d'une sorte de démenti donné par la nature à une de ses prédictions scientifiques, éveille l'idée d'une exubérance d'imagination, d'une prétention à jouer le rôle d'une espèce de Nostradamus moderne, qui, certes, étaient aussi loin du caractère de M. Babinet que du genre de ses études et de ses travaux.

Voici le fait. Nous croyons devoir le citer dans ses détails, attendu que, pour ceux qui se sont en si grand nombre préoccupés de cette brillante personnalité contemporaine, le portrait ne paraîtrait pas ressemblant, si ce trait y manquait.

« C'était en 1859 ; M. Babinet avait annoncé pour les 27 et 28 septembre le phénomène du mascaret de la Seine à Caudebec ; il l'avait expliqué, en avait décrit les merveilles, ajoutant que « Caudebec est une jolie petite ville « où l'on arrive facilement, où l'art et la nature font à « l'envi spectacle pour les curieux ». Toutes les précautions du départ étaient indiquées avec un soin minutieux, digne d'un guide de profession.

« Les curieux affluèrent en effet ; mais le spectacle fut des plus maigres, et le chemin de fer, qui avait amené des gens pleins d'espoir, les ramena honteux, déçus, et garda leur argent.

« Les réclamations plurent chez M. Babinet; aussi l'année suivante déclarait-il que le mascaret était devenu pour lui « un vrai cauchemar », ce qui ne l'empêcha pas d'annoncer et de décrire périodiquement les phénomènes du même genre que ramènent les deux grandes marées de chaque année.

« Mais dès lors le prophète fut cru sur parole, et, dans son excès de confiance, le Parisien eut soin de ne plus se déranger pour vérifier l'événement... »

En nous faisant empiéter sur le domaine de l'anecdote, les lignes qui précèdent nous font souvenir de la prédilection marquée du savant conférencier pour les bons mots, les traits d'esprit. Il en semait ses récits, et « personne ne s'en plaignait », bien que certains critiques lui reprochassent d'en être trop prodigue.

Une de ses boutades, qui eut beaucoup de succès et fut très répétée, se rapporte précisément à la pose du premier câble transatlantique, ou plutôt à l'accident inattendu qui envoya au fond de la mer le malheureux câble rompu.

« Le cuisinier chef d'un bâtiment, raconte-t-il, monte un jour sur le pont, et dit : « Mon capitaine, quand on « sait où est un objet, peut-on dire qu'il est perdu ? — « Non, mille sabords ! non. — Eh bien, votre théière « d'argent n'est pas perdue, car je sais qu'elle est au fond « de la mer. »

« Et M. Babinet concluait malignement que les Anglais avaient tort de se désespérer de la perte du fameux câble, puisque tout le monde savait qu'il dormait paisiblement au fond de l'Océan. »

Cependant, depuis plusieurs années, l'état de santé de Babinet donnait de sérieuses inquiétudes à sa famille et à ses amis. A lui aussi, comme à Ampère, on pouvait appliquer le mot célèbre d'un savant de l'antiquité : « Si vous voulez savoir le temps que j'ai vécu, comptez double, car j'ai travaillé presque autant la nuit que le jour. »

A son grand regret, il ne pouvait plus assister aux séances de l'Académie ; mais si l'affaiblissement de ses forces physiques le retenait éloigné de ses confrères, son esprit, toujours actif et judicieux, était auprès d'eux.

Il se faisait raconter dans leurs moindres détails les séances, et en lisait attentivement les comptes rendus, et, en plus d'une occasion, un mot, une observation, une critique, passant par l'intermédiaire d'un confrère, et quelquefois même une communication écrite, venaient apporter à la savante compagnie la part de travaux de celui qui, jusqu'à la fin de sa vie, ne resta étranger à aucun des progrès de la science.

Collaborateur assidu de la *Revue des Deux-Mondes* et des *Débats*, M. Babinet excellait à présenter les sujets les plus arides sous un aspect piquant qui excitait la curiosité du lecteur. Il fallait bien le lire, bon gré, mal gré; ceux qui savaient étaient entraînés par la forme, cette forme alerte, vive, originale, dont il avait si bien le secret; ceux qui ignoraient, enchantés de comprendre ce qu'ils n'avaient jamais pu savoir, le suivaient sans fatigue de la première à la dernière page.

« Il ne survenait pas une éclipse sans que le nom de Babinet fût prononcé. Il était devenu un peu comme le grand maître des apparitions célestes, et chacun réclamait de lui le programme. C'était pour la foule l'astronome nécessaire: une découverte n'était considérée comme vraie que si elle avait été confirmée par M. Babinet. Son autorité était toute-puissante, et cependant, il faut bien l'avouer, jamais Babinet ne fut astronome dans la véritable acception du mot, et n'eut même la prétention de l'être.

« Il avait épousé une nièce de M. Arago, et était devenu bibliothécaire du Bureau des longitudes. En relations constantes avec l'Observatoire, il fut ainsi conduit à écrire, vers 1848, quelques mémoires d'astronomie. Mais ses travaux passèrent inaperçus. Sa réputation d'astronome devait naître plus tard. Elle date de ses articles sur l'extrême ténuité des queues de comète, et sur l'observation des éclipses mise à la portée de tout le monde.

« Le public avait confondu le météorologiste avec l'astronome[1]. »

[1] M. de Parville, *Journal des Débats* du 5 novembre 1872.

II

Après avoir apprécié les services rendus par M. Babinet, après avoir vu en lui le savant et surtout le vulgarisateur, il ne déplaira pas à nos lecteurs, nous en sommes certains, de pénétrer dans le secret des qualités privées de l'éminent académicien.

Dans cet ordre d'idées encore, c'est à une voix autorisée, à un témoin, pourrions-nous dire, de sa vie, que nous allons demander les traits de cette physionomie morale.

« Ni la célébrité conquise à force de travail et de savoir dans le monde restreint de la science, ni la popularité obtenue par le talent, l'esprit et l'originalité du style, n'ont manqué à Babinet, dit M. Faye[1]. Dans ce savant, à qui on reprochait de savoir trop de choses diverses et d'éparpiller son génie sur trop de sujets, il y avait par-dessus tout une âme bonne et forte ; c'est à elle que je veux rendre hommage.

« Cher et vénéré confrère, vous qui avez débuté dans votre carrière à l'époque où florissaient les plus grands représentants de la science française ; vous qui avez vécu et travaillé avec les Ampère, les Fresnel et les Arago, vous nous avez à votre tour servi de guide, d'inspirateur et de soutien.

« Chaque dimanche votre porte était ouverte à tout venant ; non pas seulement aux savants déjà célèbres comme vous, aux hommes d'État et aux personnes illustres qui ont si souvent visité votre retraite, mais aussi et surtout aux débutants, aux inconnus qui avaient besoin d'appui et d'encouragement.

« Que de jeunes gens, dont les noms se sont fait connaître plus tard avec honneur ou avec éclat, sont venus ainsi vous demander vos conseils et se réconforter près de

[1] Président de l'Académie des sciences lors de la mort de M. Babinet. Discours prononcé aux funérailles de ce dernier, 23 octobre 1872.

vous ! Pas un d'eux ne sortait de chez vous sans emporter, sans éprouver quelque soulagement ou ressentir quelque joie. Vous saisissiez si vivement les idées neuves ou hardies ! Vous saviez si bien encourager et départir, sans marchander, les éloges qui soutiennent et alimentent un talent naissant !

« Votre âme n'a jamais connu l'envie, ni l'indifférence, plus mortelle encore : elle était de feu pour les moindres conquêtes de la science ; vous applaudissiez le premier à tous les progrès, à toutes les découvertes ; votre insatiable besoin de connaître y trouvait son compte, et, grâce à votre généreuse nature, la jeunesse laborieuse y trouvait le sien.

« Aussi, à l'heure suprême les sympathies vous sont venues en foule. Jamais peut-être lit de douleur et d'agonie n'a vu pareil spectacle !

« Et ici je ne parle pas des affections de famille qui ont si pieusement adouci vos derniers moments ; de ce magistrat déjà illustre entre tous, et de cet autre fils, non moins cher, qui suit avec tant de distinction votre première carrière, celle des armes ; mais de cette famille intellectuelle que vous vous êtes faite et qui n'a pas été moins fidèle.

« Pour chacun de nous, tant que vous avez pu vous faire entendre, vous avez eu une bonne parole ; plus tard, un regard, un geste affectueux ; car, pendant que ce corps robuste se dissolvait douloureusement, l'esprit et le cœur sont restés intacts jusqu'au bout.

« Pas un de ces nombreux visiteurs n'a entendu sortir de vos lèvres une plainte, ni même une parole de regret. Réconcilié avec tous, et par-dessus tout avec Dieu, vous avez révélé dans cette longue agonie la force de votre âme, et si vous léguez à vos enfants un nom célèbre, dignement porté par eux, vous laissez à vos amis l'exemple consolant et fortifiant d'une belle mort ! »

III

M. Babinet, qui a été un des premiers, sinon le premier qui ait signalé les inconvénients, pour l'immersion maritime, de l'emploi de métaux à découvert, va nous fournir l'occasion d'aborder une des branches les plus importantes de l'art télégraphique, les communications sous-marines.

« Je ne puis assez insister, disait-il à l'occasion du câble algérien, sur la nécessité de recouvrir de chanvre ou d'autres enveloppes encore plus conservatrices les fils métalliques qui donnent de la solidité aux câbles sous-marins. Je répéterai à satiété que le transatlantique et le câble de la Sardaigne avaient perdu en peu de temps toute leur armature de fer, et que même le câble cuirassé de la Manche a eu ses fils, de huit millimètres d'épaisseur, rongés de plus de moitié en six à sept ans d'immersion.

« Donc, plus de câbles présentant à nu leur fil de fer à l'action destructive de l'eau de mer et aux minerais du fond. C'est peut-être là le point le plus remarquable de notre câble algérien; mais que de peine pour se faire entendre quand on prêche au nom du bon sens contre l'imagination et la routine ! »

Cette fois la voix du bon sens fut entendue, et un progrès nouveau, décisif, fut accompli.

« Le nouveau câble français, construit sous le contrôle, aux frais et selon les exigences de notre administration télégraphique, a, en effet, tiré le monde entier d'une ornière dont on n'avait guère l'espoir de sortir après la débâcle complète de tous les télégraphes méditerranéens et autres, même quand ils n'avaient à desservir que des distances moyennes.

« La dépense, les soins minutieux qu'a coûtés le câble durant sa fabrication, et la perte de la portion qui allait des îles Baléares aux côtes de France, ne sont donc rien comparativement aux avantages obtenus et au retentissement, toujours si flatteur aux oreilles françaises, de ce mot : l'*honneur* français ! »

Voici comment était composé le câble dont il s'agit. Le fil conducteur en cuivre était formé de sept brins, dont six entouraient le septième, placé au milieu; quatre couches de gutta-percha et trois couches de caoutchouc recouvraient ce fil, et formaient un câble ayant près de vingt millimètres de diamètre.

« Dans l'industrie, un succès est une porte qui s'ouvre vers un succès encore plus grand. » La fabrication du câble algérien, la réussite de la pose et le bon service de la transmission des dépêches, furent le point de départ de progrès inattendus dans l'art nouveau et déjà d'une importance capitale, ou plutôt d'une nécessité absolue, de la télégraphie sous-marine.

Mais avant de passer à la rapide esquisse de cette partie intéressante de la télégraphie, quelques mots, une simple nomenclature, sur les tentatives qui avaient précédé.

Par ce qui avait été tenté, on pourra juger de l'importance de la question, importance dont nous venons de parler et que toutes les nations ont appréciée, par suite de la difficulté que présentait l'application des théories nombreuses qui s'étaient produites.

Douze lignes avaient été exécutées :

1° Le transatlantique ;
2° Le télégraphe sous-marin de Malte à Corfou ;
3° Celui de Messine à Malte ;
4° Celui de Corfou en Crète ;
5° Celui de Crète à Alexandrie d'Égypte ;
6° Celui de la mer Rouge, de Suez à Aden ;
7° Celui d'Aden à Mascate ;
8° Celui de Mascate à Bombay ;
9° Celui de Mascate à l'embouchure de l'Indus ;
10° Celui de Batavia à Singapour ;
11° Celui d'Algérie par la Sardaigne ;
12° Celui de Varna à Balaclava.

Or, excepté ce dernier, qui, destiné à une durée temporaire, rendit tous les services qu'on pouvait en attendre, aucun n'avait fonctionné convenablement.

Remontons maintenant au point de départ de l'établissement des communications sous-marines.

La première idée de ce genre de télégraphie est due à M. Wheatstone, qui, en 1840, indiqua le moyen de construire des câbles électriques dans de bonnes conditions. Mais, à cette époque, la question de la télégraphie, qui venait à peine de prendre naissance, n'était pas assez mûre pour qu'on songeât à établir par ce moyen une communication entre les deux mondes.

A peine entrevoyait-on la possibilité de relier entre eux les points principaux d'un même continent, et la pensée de faire traverser la Manche à l'électricité était elle-même considérée comme une entreprise à mettre tout au plus à l'étude.

L'art télégraphique cependant marchait vite, ou, pour mieux dire, il arriva si rapidement à sa perfection que, moins de dix ans plus tard, en 1849, un premier câble sous-marin était posé entre Douvres et Calais, par M. J. Brett, d'après les données exactes de Wheatstone.

« C'est toujours en procédant du petit au grand que les découvertes importantes finissent par réaliser les immenses résultats qu'elles sont appelées à fournir; résultats auxquels on refuserait d'ajouter foi s'ils étaient annoncés tout d'abord sans avoir l'appui de l'expérience.

« Quand le câble de Douvres à Calais fut posé, on s'occupa d'en établir un plus long de Douvres à Ostende, puis un autre de Suffolk à la Haye.

« Les nécessités de la guerre de Crimée firent entreprendre celui de Varna à Balaclava, et enfin on chercha à établir celui de France en Algérie.

Dès l'origine, on avait bien parlé de relier télégraphiquement l'Europe à l'Amérique; mais ce projet parut tellement gigantesque que personne ne pouvait croire à sa réalisation. Peu à peu, à mesure que les lignes sous-marines moins considérables se multiplièrent, on se familiarisa avec cette idée, on ne la traita plus de rêve fantastique, et il se forma bientôt une compagnie puissante, qui commença les études, et qui, après avoir reconnu la possibilité de la solution matérielle du problème, commanda définitivement le câble [1]. »

On sait qu'après deux tentatives infructueuses pour l'immersion de ce câble, on finit par le poser. Un accident survenu un mois après son installation définitive vint renouveler toutes les craintes et justifier, dans une certaine

[1] M. du Moncel, *Encyclopédie du* XIXe *siècle*.

mesure, l'opinion de quelques savants, qui contestaient « la possibilité de la transmission télégraphique à travers les câbles sous-marins d'une très grande longueur, à cause des réactions statiques produites par des courants traversant des conducteurs isolés ».

Cependant le défaut du câble fut heureusement découvert et réparé, et les communications télégraphiques entre les deux mondes parfaitement établies.

Aujourd'hui on envoie une dépêche à New-York ou à la Nouvelle-Orléans, et on reçoit la réponse presque aussi rapidement que de Paris à Londres.

A côté de la société anglaise du câble transatlantique, et concurremment avec elle, s'est formée une compagnie française, de manière à faire abaisser les prix du tarif, et, ce qui importe bien davantage pour notre dignité nationale et pour nos intérêts politiques, commerciaux et maritimes, à nous affranchir de la dépendance en laquelle nous plaçait la nécessité de nous servir de la voie anglaise.

En cas de guerre surtout, cette dépendance eût pu entraîner pour nous les plus graves conséquences.

Un dernier mot sur la pose des câbles sous-marins.

Cette opération est assez difficile et exige une organisation spéciale des navires. « En général, le câble est déposé sur un ou plusieurs rouleaux tournant à fond de câle. Au sortir de la câle il est reçu par deux fortes roues en fonte à gorge profonde, sur chacune desquelles il fait trois tours pour résister à l'entraînement de la portion mise à l'eau.

« Ces roues sont d'ailleurs pourvues de puissants freins qui modèrent au besoin leur mouvement; mais quelle que soit la lenteur de ce mouvement, le frottement énorme qui se trouve développé exige un arrosage perpétuel des parties flottantes.

« Le câble glisse à l'eau par l'avant du navire. Une troisième roue placée à l'arrière sert à le guider et à le maintenir dans les mouvements de roulis et de tangage. Enfin des compteurs, avec indicateurs fixés sur les roues, marquent à chaque instant la longueur de câble immergée.

« Inutile d'ajouter que des appareils télégraphiques,

placés à terre et à bord des navires qui transportent le câble, permettent à tout moment d'apprécier l'état d'isolement de la ligne, et de fournir les indications nécessaires sur la marche de l'opération.

« Parmi les observations intéressantes auxquelles la communication transatlantique a donné lieu, il en est une qui peut paraître presque merveilleuse aux personnes peu au courant des questions de météorologie et de géographie.

« Un fait très curieux, fait observer M. Louis Figuier, se manifeste dans ces immenses câbles qui mettent ainsi les deux mondes en communication instantanée : c'est la différence d'heure qui s'observe aux deux bouts opposés du câble, c'est-à-dire en Europe et en Amérique. Les dépêches envoyées d'Europe dans l'Amérique du Nord y arrivent six heures environ avant l'heure à laquelle on les a expédiées de Paris ou de Londres.

« Un négociant français, par exemple, envoie à dix heures du matin une dépêche à son correspondant des États-Unis ; elle arrive en Amérique à quatre heures du matin du même jour.

« Ce fait résulte de la différence des temps solaires, qui est d'environ six heures entre Paris et la Nouvelle-Orléans, par exemple, en raison de la différence des longitudes : pour une distance de 15° de longitude à l'ouest, le soleil est en retard d'une heure. Il s'ensuit que pour la Nouvelle-Orléans, qui est située à 90°, c'est-à-dire six fois 15° à l'ouest du méridien de Paris, le soleil se lève six heures plus tard que pour nous.

« On pourrait donc dire en quelque sorte que, pour le câble transatlantique, les dépêches sont reçues en Amérique avant d'être parties d'Europe. Quels étranges résultats la science réalise autour de nous, et quel sujet continuel de surprise et d'admiration elle apporte à notre esprit ! »

APPLICATION, AVANTAGES ET ORGANISATION

DE LA TÉLÉGRAPHIE ÉLECTRIQUE

I

Quelques détails sur les applications, les avantages et l'organisation du télégraphe électrique nous semblent réclamer ici leur place.

En ce qui concerne son utilité pratique, le télégraphe électrique, en outre des applications qu'au cours de notre récit nous avons eu occasion d'indiquer, en a reçu beaucoup d'autres non moins utiles.

Nous citerons : dans la marine, la transmission prompte, exacte des ordres du commandant ou du pilote aux mécaniciens ; l'annonce dans les fiords de la Norwège de l'approche de bancs de harengs ; des services analogues dans les pêcheries de morue; la mise en communication des ouvriers occupés aux travaux sous-marins, soit entre eux, soit avec le service de ces travaux, installé à bord d'un bâtiment ou à terre.

Dans l'administration encore, l'organisation de télégraphes municipaux, lesquels, créés en Amérique au début de la télégraphie électrique, rendirent d'immenses services. Toutes les alarmes sont, dans les villes des États-Unis, propagées avec rapidité, et les secours promptement organisés. Dès 1852 ou 1853, huit cloches d'alarme étaient reliées entre elles à New-York par des fils souterrains; à Boston, plus de soixante-quinze kilomètres de fil électrique avaient été placés pour le même objet. Aujourd'hui, à Paris et dans nos grandes villes, les postes de pompiers sont reliés entre eux, et communiquent avec les principaux centres administratifs par des fils spéciaux. Il en est de même pour tous les grands services de l'État.

Dans l'administration encore, la régularisation du service des cimetières; la promptitude des rapports entre les grands services administratifs; la distribution de l'heure dans les différents services, dans les ports militaires et de commerce, dans les gares de chemin de fer; un prompt avertissement aux contrées sujettes aux inondations des dangers qu'elles courent, par suite des crues d'eau dans les affluents des fleuves dont le débordement est à craindre, etc.

Dans la science : la facilité et l'exactitude dans les opérations scientifiques qui ont pour objet de déterminer les différences de longitude; la transmission des observations météorologiques des différents points du globe, etc.

Nous ne nous arrêterons pas à développer les applications du télégraphe aux besoins de la guerre, dont nous avons déjà parlé.

Sur un point seulement nous reviendrons en arrière : les avantages pour la morale publique, pour la sûreté des gouvernements et des individus, résultant de la transmission instantanée de certains avis, tels que le signalement d'un malfaiteur et l'ordre de l'arrêter, l'approche d'un danger, etc.

En France et en Angleterre, chaque chemin de fer a un fil établi le long de la voie, au moyen de poteaux, pour le service spécial de l'administration de la ligne. Les compagnies qui exploitent les voies ferrées payent à cet effet un droit à l'administration télégraphique, laquelle aujourd'hui, en France, est réunie à celle des postes, et forme avec elle un ministère spécial.

Parmi les autres fils qui suivent les voies ferrées, quelques-uns sont réservés au service exclusif du gouvernement; les autres sont au service du public, et de même que les compagnies payent un droit pour avoir à elles un fil télégraphique, le télégraphe dédommage les chemins de fer pour l'usage qu'il fait de la voie et de la surveillance qui y est établie.

En Amérique, beaucoup de lignes télégraphiques courent seules et librement à leur but, aucun surveillant ne les protège, et, au lieu d'avoir des poteaux pour soutien, les fils s'élancent d'arbre en arbre.

Le respect de tout ce qui est utile, le sentiment pratique, si l'on peut ainsi parler, est si développé parmi les populations du nouveau monde, que partout où ne peuvent atteindre les vengeances et les déprédations des naturels, ces lignes en pleine campagne, que n'accompagne aucun chemin tracé, que ne défend pas même une simple haie, ne sont jamais rompues, jamais dégradées.

Il en est de même, du reste, pour les lignes de chemin de fer, lesquelles sont partout accessibles aux passants, et cependant les accidents par imprudence que nous avons tant de peine à éviter en France, malgré toutes nos précautions, y sont très rares, beaucoup plus rares que chez nous.

J'ai voyagé en Autriche, en Pologne, où le même fait m'a frappée. Serait-ce à dire que nous posséderions à un moindre degré le simple bon sens qui fait éviter un danger et le respect de la propriété d'autrui, que cette propriété appartienne à l'État, à une compagnie ou à des particuliers?

Mais si les fils télégraphiques américains lancés à travers d'immenses contrées désertes, occupant de profondes forêts, n'ont rien à redouter de la malveillance des hommes, ils sont exposés à d'autres accidents.

Sur plusieurs points, ils sont sujets à des interruptions occasionnées par la chute des pins, sans compter l'influence des frimas qui s'attachent l'hiver aux fils, et causent une énorme déperdition de courant. Enfin, les orages électriques eux-mêmes mêlent leur action à celle des piles des stations et troublent tout.

D'autre part, M. Breguet a reconnu des actions de courant en retour, fort obscures quant à leur cause, et il y a remédié, comme à tous les autres accidents qui se sont présentés dans notre pratique, qui n'admet rien d'à peu près.

« Les Américains passent absolument sous silence le risque que courent les employés du télégraphe électrique sans des précautions judicieuses. Pour cet objet, M. Bréguet, au moyen d'un fil convenablement délié, a construit un vrai paratonnerre qui met l'employé en sûreté, même pendant le plus violent orage. Il recommande aussi très prudemment de ne faire entrer dans les stations que des fils assez petits pour se fondre par une électricité trop abondante, et faire disparaître par là même tout danger. »

C'est un des traits saillants du caractère français, que ce respect pour la vie humaine, ce soin particulier donné à tout ce qui touche à la sécurité, à l'hygiène, en un mot, à la santé.

La mécanique, dans ses progrès, la vapeur et l'électricité, dans leurs applications, semblent s'être donné pour but principal de ménager les forces de l'homme, de lui rendre plus doux son labeur, en même temps que l'industrie s'efforce d'augmenter son bien-être.

II

Mais revenons à la question qui nous occupe ; l'organisation et la réglementation de la télégraphie dans chaque nation, son appropriation aux besoins de cette nation, tant sous le rapport du gouvernement et de l'administration municipale que sous celui des intérêts privés, pouvaient-elles se désintéresser de ce qui se faisait chez les autres peuples?

Évidemment non. « La télégraphie électrique est une innovation essentiellement internationale. Si différents États ne s'étaient pas entendus par des règlements internationaux, non seulement l'usage de ce puissant moyen de communication ne se serait pas généralisé, mais on peut se demander s'il existerait.

« Les diverses puissances ont compris que dans ce domaine tout pacifique elles pouvaient se donner la main pour concourir ensemble au progrès de toutes. Une première conférence eut lieu à Paris, en 1865, où les intérêts des grands et des petits pays furent pris en considération, débattus pour la plupart, et réglés. Le réseau se développant avec rapidité, de nouvelles questions surgirent, et d'autres puissances demandèrent à entrer dans la convention... Ainsi, et tour à tour, la Perse, le Japon et plusieurs autres puissances de l'extrême Orient se sont ralliés à cette convention, dont les derniers règlements » visent tous à la vulgarisation, à la précision et à l'économie des relations télégraphiques.

Cette unanimité du monde civilisé à accepter une réglementation unique a eu pour principaux avantages « de substituer dans chaque État la taxe unique à une taxe par zones, d'introduire un abaissement notable dans les tarifs, l'adoption du franc comme unité monétaire, l'usage de la dépêche recommandée, l'usage de la dépêche à faire suivre, l'emploi de chiffres comme mode de correspondance, etc...

« ... Chaque État réserve à la télégraphie internationale un nombre suffisant de fils qui ne peuvent être détournés de cet emploi qu'au cas de dérangement des lignes. Le service en est autant que possible permanent entre les villes importantes...

« La transmission se fait dans l'ordre des catégories suivantes : télégrammes d'État, de services privés recommandés, privés non recommandés. Les télégrammes peuvent être écrits en chiffres conventionnels et en langue secrète; il suffit que la minute soit écrite très lisiblement et au moyen de signes ayant leurs équivalents dans les tableaux réglementaires.

Nous n'ajouterons ici ni les formalités à remplir, ni les taxes à payer, ni, en un mot, aucun des détails usuels et pratiques de la télégraphie : ce n'est pas un guide que nous offrons au lecteur, mais un historique aussi complet qu'il nous a été possible de le faire de la télégraphie et des hommes célèbres dont le nom est inséparablement uni à ce mode de transmission presque instantanée, dont on a pu dire avec raison que c'est un des plus grands services qui aient été rendus aux gouvernements modernes, et un des plus précieux éléments de progrès apportés à la civilisation universelle.

III

Il nous reste à nous demander si, étant donné le nombre et la diversité des systèmes télégraphiques qui se font en quelque sorte concurrence, le choix entre ces systèmes est complètement facultatif.

« Ainsi posée, la question ne serait pas facilement discutable; car tel système qui pourrait être le meilleur dans certains cas, serait très inférieur dans d'autres. Il faut donc avant tout savoir ce que l'on exige de ces appareils, à quelles mains ils doivent être confiés, dans quelles circonstances ils doivent fonctionner, le prix qu'on peut mettre à leur installation, l'importance de leur service, etc. etc.

« Suivant ces différents cas, le choix des appareils peut être modifié.

« Quand on demande seulement au télégraphe une grande promptitude dans la transmission des dépêches, sans tenir compte des frais de l'installation, de la difficulté de l'interprétation et de la manipulation des signaux, le télégraphe à double aiguille des Anglais et le télégraphe à signaux Chappe de M. Bréguet doivent être préférés.

« Quand on veut mettre le service d'une ligne télégraphique entre les mains d'employés qui ne sont pas habitués à la manœuvre des appareils télégraphiques, les télégraphes à cadran de M. Bréguet, de M. Froment, de M. Drescher, etc., doivent être choisis de préférence [1].

« Sur les lignes sous-marines, où des réactions d'induction se manifestent avec une certaine intensité, on devra employer des appareils à courants alternativement renversés et à déchargeurs, tels que les télégraphes de M. Varney.

1 Avec ce système, pourvu qu'un employé sache lire, il pourra recevoir et transmettre une dépêche. Il y mettra plus ou moins de temps, mais il y arrivera.

« Si on fait entrer en ligne de compte l'économie de l'installation, et qu'on tienne à posséder un moyen de contrôle télégraphique, les télégraphes Morse, soit à signaux simples, soit à signaux combinés, doivent être particulièrement choisis. Ils présentent d'ailleurs un avantage immense, c'est de fournir des signaux indépendants les uns des autres pour leur transmission, ce qui empêche l'accumulation des erreurs [1].

« Quand les lignes sont surchargées de dépêches, il faut employer les télégraphes à double transmission des dépêches, et, dans ce cas, c'est le télégraphe Morse qui doit être particulièrement choisi.

« Enfin, quand on veut établir d'une manière économique une correspondance télégraphique peu compliquée, les télégraphes auditifs, comme la sonnerie télégraphique de Mirand, fournissent des ressources inappréciables.

« On peut, en effet, à l'aide de ces télégraphes, faire exprimer à différentes combinaisons de roulements et de coups isolés des phrases toutes faites en rapport avec les besoins habituels et prévus des localités où ces appareils sont installés; or, dans ces conditions, la transmission de ces signaux devient plus simple et plus prompte que celle de tous les autres systèmes télégraphiques. Aussi dans les établissements industriels, dans les villes où l'on veut prévenir les pompiers en cas d'incendie et dans une suite de cas semblables, est-ce à ce système que l'on donne généralement la préférence [2]. »

[1] Le gouvernement français a adopté le système Morse comme réunissant à un plus haut degré que tout autre les conditions d'économie et de sûreté qui doivent être surtout recherchées dans un ensemble de lignes aussi vaste, et dans un service aussi important.

[2] M. du Moncel.

VI

SUDRE (Jean-François)

(1787-1862)

Sudre, musicien de talent et inventeur ingénieux, naquit à Albi (Tarn) le 15 août 1787, et mourut à Paris le 2 octobre 1862.

Son goût pour la musique se manifesta dès le berceau, et aussitôt qu'il put parler et comprendre il tourna de ce côté toute son intelligence, toutes ses études.

Sa voix était remarquablement juste, son oreille d'une délicatesse extrême, et sous ce beau ciel languedocien où le chant tient une si large place dans les récréations, on pourrait presque dire dans la vie des habitants, ce don naturel n'eut pas de peine à se développer rapidement.

Vers sa vingtième année, Sudre vint à Paris pour y compléter ses études musicales. Admis au Conservatoire, il y étudia le violon, et reçut des leçons d'harmonie de Catel, qui ne tarda pas à le placer au nombre de ses meilleurs élèves.

Sur ces entrefaites, on eut besoin d'un professeur de violon et de chant à Sorèze. Le directeur du Conservatoire recommanda Sudre, qui, ravi de se rapprocher de son cher pays natal, accepta avec empressement.

Sorèze, ou plutôt le collège de Sorèze, était alors à l'apogée de sa réputation. Il en était sorti déjà, et il devait en sortir encore des hommes du plus haut mérite, non seulement dans les sciences, dans les lettres, dans la politique, mais encore dans les arts.

Sudre, qui aimait la vie champêtre, le calme, le recueillement de la nature, et qui, en même temps, avait besoin d'être placé dans un milieu intelligent et élevé, n'eût pu rêver une position plus en rapport avec ses goûts, ses aspirations et sa situation de fortune, qui lui imposait le besoin impérieux de se suffire au plus tôt à lui-même.

Son arrivée à Sorèze le plongea dans le ravissement : ces bâtiments immenses portant, dans l'ensemble et dans chaque détail, la trace de leur antiquité; ces cloîtres sonores où la pensée pouvait évoquer vingt générations de savants travailleurs, d'artistes inconnus [1]; la situation délicieuse de la ville dans une fraîche vallée qu'entoure, d'une ceinture pittoresque, une petite chaîne de montagnes granitiques, au flanc desquelles s'ouvrent çà et là de mystérieuses et splendides grottes; la pureté de l'air, l'hospitalité bienveillante des habitants, et enfin le goût traditionnel de la poésie et des arts qui se conserve religieusement parmi eux, constituaient plus de motifs qu'il n'en fallait pour justifier l'enthousiasme du jeune professeur, qui dut à ce milieu sympathique le complet épanouissement, si nous pouvons ainsi parler, de ses facultés musicales et de sa brillante imagination. Dès cette époque, il conçut l'idée de la langue musicale universelle qui, plus tard, devait le conduire à inventer le téléphone.

Avec la chute de l'empire cependant, le collège de Sorèze perdit de sa renommée, la nouvelle administration se montra peu favorable à une institution qui avait été très remarquée, très appuyée par les gouvernements qui s'étaient succédé depuis la réorganisation de l'enseignement public en France.

Tout le personnel fut changé; beaucoup d'élèves s'éloignèrent, et Sudre, dérangé dans ses habitudes, froissé dans ses affections, prit enfin le parti de se retirer à Tou-

[1] Le collège de Sorèze occupait les bâtiments d'une ancienne abbaye de bénédictins fondée dans le IXe siècle.

louse, où il ouvrit une école d'enseignement mutuel pour la musique qui eut un grand succès.

Pendant cette période il composa des romances, des duos, des quatuors et des nocturnes qui eurent du succès.

Bien que son enseignement à Toulouse fût très suivi et bien rémunéré, le projet qui était déjà la pensée dominante de sa vie, la création de la langue musicale universelle, l'attira vers Paris. Il vint s'y fixer en 1822.

Il fallait vivre; il fallait se procurer des ressources pour faire face à ces exigences incessantes, si terribles, que tout inventeur rencontre sur ses pas. Sudre imagina de fonder un magasin de musique, qu'il dirigea de concert avec sa femme.

Bientôt même Mme Sudre, qui était intelligente, active, dévouée, put suffire à peu près seule aux occupations du commerce, ce qui permit à Sudre de consacrer tout son temps au perfectionnement et à la vulgarisation de son invention.

La langue musicale universelle, basée sur les *sept notes parlées* de la gamme commune à tous les peuples, se rattache directement au sujet qui doit nous occuper spécialement dans ces études, l'art de communiquer sa pensée à distance. Le système des signes par les sons, qui lui sert de base, peut, en effet, être d'une incontestable utilité pratique, soit qu'on l'applique aux opérations militaires, soit qu'on le fasse servir aux signaux de mer. »

Sudre lui-même fit de ce système de télégraphe acoustique une des applications pratiques de son invention, application qu'il soumit en 1828 à une commission de l'Institut.

Après plusieurs expériences, cette commission fit un rapport détaillé si favorable, que toutes les classes de l'Institut furent unanimes pour reconnaitre l'utilité des travaux de Sudre et pour donner le nom de téléphonie à son système.

Encouragé par ce succès, Sudre commença, en 1833, une série de séances publiques qui furent très suivies, et dont on parla dans le monde entier. Ce qui intéressait surtout dans ces expériences, c'est que l'intervalle qui les séparaît, pour si court qu'il fût, était toujours marqué par quelque amélioration, par quelque perfectionnement dans la méthode.

« Les derniers de ses perfectionnements, dit Fétis, ont consisté à faire disparaître la nécessité de l'intonation et du son en formant simplement la langue musicale universelle d'éléments rythmiques qui la mettent à la portée de cette classe d'infortunés, heureusement peu nombreux, qui sont à la fois aveugles, sourds et muets. Par des attouchements rythmiques des mains, toutes les idées et les faits peuvent être communiqués immédiatement. »

Un nouveau rapport de l'Institut approuva, en 1833, les améliorations apportées par Sudre à sa méthode.

En 1842, Sudre compléta son œuvre par l'invention du téléphone, instrument à air comprimé qui portait le son à 8 kilomètres de distance.

Le jury de l'exposition universelle de 1855 lui décerna une récompense et lui donna les plus grands éloges.

En 1862, lors de l'exposition internationale de Londres, le système Sudre valut à son auteur le même succès. A la suite du rapport fait au jury des récompenses sur la grammaire et le vocabulaire encore inédits de la téléphonie, la grande médaille d'honneur lui fut décernée. Sudre ne jouit que quelques mois de ce nouvel encouragement. Sa mort toutefois ne fit pas perdre à la science le fruit des recherches et des conceptions de l'infatigable inventeur, dont la veuve recueillit les manuscrits, les classa et les fit paraître en 1867, sous le titre de : *Langue universelle, par le moyen de laquelle, après seulement trois mois d'étude, tous les différents peuples de la terre, les aveugles, les sourds et les muets peuvent se comprendre réciproquement ; langue à la fois parlée, occulte et muette*[1].

Mme Sudre ne s'est pas bornée à cette publication ; héritière et propagatrice des travaux de son mari, elle en a poursuivi avec ardeur l'extension. L'ouvrage de Sudre, présenté par elle à l'appréciation d'une commission du ministère de l'instruction publique, fut approuvé, recom-

[1] Un volume in-8°.

mandé, encouragé ; à la suite du rapport de cette commission, l'autorisation fut accordée à Mme Sudre de professer *la langue universelle* dans une chaire du lycée Bonaparte (aujourd'hui lycée Fontanes). Ce cours, après quatre années d'existence, fut suspendu pendant la guerre de 1870[1].

II

Non seulement Mme Sudre mit en ordre et publia avec un soin pieux et une ardeur intelligente les travaux laissés par son mari, non seulement elle s'employa de sa personne et elle continua de s'employer, ainsi que nous venons de le dire, à poursuivre son œuvre au point de vue de l'extension de la langue universelle, mais elle reprit sa pensée d'appliquer cette langue à la télégraphie. Des expériences furent faites sous sa direction, qui, nous nous hâtons de le dire, réussirent pleinement.

Mais laissons-lui raconter à elle-même ces succès posthumes ajoutés, grâce à son zèle et à son dévouement, aux succès obtenus par Sudre de son vivant.

« Le 1er août 1864, dit-elle dans l'*Historique des travaux de François Sudre* placé en tête de l'ouvrage de celui-ci, M. le ministre de la marine me confia la mission de me rendre à Cherbourg pour expérimenter la téléphonie sur mer. Des expériences réitérées eurent lieu pendant la nuit, par un temps de pluie torrentielle, et néanmoins tous les ordres donnés furent interprétés avec la plus exacte fidélité. Déjà cette invention avait été expérimentée avec le même succès à Toulon en 1828, et, en 1841, sur l'escadre de la Méditerranée se rendant à Alger. Les deux

[1] En 1871, deux Polonais, MM. Gajewski, initiés par Mme Sudre pendant son enseignement au lycée Bonaparte à la connaissance théorique et pratique de la langue universelle, ont ouvert à Paris des cours de cette langue, lesquels cours sont, depuis 1876, autorisés par le conseil départemental de l'Instruction publique. De son côté, Mme Sudre professe la même langue à la bibliothèque de Tours, où elle réside depuis la guerre et qui est sa ville natale.

commissions avaient été unanimes pour en reconnaître l'utilité, et pour la recommander directement au gouvernement.

« Je me présentai donc de nouveau non seulement avec l'ancien système, mais avec de nombreux perfectionnements récemment ajoutés, et permettant à la télégraphie de dicter toute la tactique navale à l'aide des trois notes : sol, ut, sol, représentant les trois chiffres suivants : **1**, **2**, **3**, indiqués par trois sons ou trois disques pendant le jour, trois fanaux ou trois fusées pendant la nuit, l'une blanche, l'autre bleue, l'autre rouge ; pendant la brume, trois coups de sifflet, ou trois coups de tambour, ou de canon, ou de cloche, et permettant de transmettre tous les ordres, de jour, de nuit, de brume, de la tactique navale.

« La commission chargée de juger ce système exprima son opinion dans un rapport dont voici un extrait :

« Nous considérons comme extrêmement habiles les principes, les combinaisons et tout l'ensemble du système téléphonique. Dans notre opinion, les moyens de communication en usage dans la marine, qui, pour le moment, nous semblent incomplets, pourront être améliorés dans l'avenir en s'inspirant des principes adoptés par Mme Sudre.

« Le système des signaux de nuit avec des fanaux sur cadres a particulièrement appelé nos soins pendant les expériences. Dans ce système, la figure géométrique tracée par ces fanaux, jointe à la différence de leur grandeur et de leur couleur, suffit pour déterminer un ordre quelconque. Ce système de signaux paraît mériter une sérieuse attention. Les résultats complètement satisfaisants obtenus par les signaux de nuit faits avec des fusées de couleur nous portent à croire que la marine aurait avantage à adopter sa mise en pratique. Notre livre de signaux n'aurait pour cela à subir aucune modification.

« Mme Sudre s'est offerte à donner une clef téléphonique permettant l'interprétation de tous nos articles. Il suffirait donc de munir tous nos navires d'un certain nombre de fusées de couleur, pour avoir à notre disposition un moyen de transmettre les ordres beaucoup plus sûr, à notre avis, que celui que nous avons aujourd'hui.

« Mme Sudre a proposé également d'appliquer la téléphonie aux signaux de grande distance, à l'aide de trois signes adoptés par la tactique, ce qui nous a semblé très possible. On obtiendrait un nombre de combinaisons aussi considérable, et ce système serait peut-être plus pratique.

« A bord du *Magenta*, le 19 septembre 1864.

« Signé : EUG. SELLIER.

« B. DE VILLEMEUIL. »

Que dans les études faites par les soins de la commission internationale qui a arrêté la nature des signaux à adopter, le système Sudre n'ait pas prévalu, cela tient sans doute à quelque défaut non apparent, à quelque difficulté d'application pratique, à quelques inconvénients inaperçus, tels que la résonance des échos. Nous n'avons pas ici à discuter la question, et encore bien moins à la juger.

Mais nous avons le droit de nous étonner qu'un système aussi nouveau et ingénieux que celui de Sudre n'ait pas laissé plus de traces dans l'art, qu'incontestablement il a créé, et auquel plus incontestablement il a donné le nom qui lui est resté.

Inventeur et parrain du téléphone, Sudre doit figurer en tête de ceux qui, reprenant son idée en sous-œuvre, l'ont modifiée et perfectionnée au point de faire de l'appareil transmetteur du son un instrument qui reproduit la parole même de l'homme.

L'exclure, ou simplement oublier de mentionner son souvenir, d'attacher son nom à la téléphonie, comme celui d'Amontons est attaché à la télégraphie, c'est évidemment le frustrer d'un droit imprescriptible.

Qu'il nous soit permis de faire ici une revendication non seulement en faveur de l'intelligent inventeur, mais au profit aussi de celle qui, après avoir été la compagne de la dernière partie de sa vie, l'aide assidue de ses travaux, s'est faite la continuatrice de son œuvre.

Mme Sudre, née Joséphine Hugot, artiste distinguée, a épousé, en 1855, M. Sudre, veuf depuis 1830. Son zèle pour propager la langue musicale universelle et son talent pour l'enseigner sont également dignes d'éloges. Rien de ce qui concerne la téléphonie ne la laisse indifférente, et voici comment elle s'exprimait récemment au sujet du téléphone Bell, dont nous parlerons plus loin :

« Non seulement l'invention du téléphone Bell appartient à mon mari comme idée première, mais ce téléphone perfectionné est un instrument qui apportera une extension considérable à la langue universelle, puisque, avec son aide, les peuples pourront à de grandes distances se communiquer leurs idées revêtues des mêmes signes et exprimées par les mêmes sons.

« En un mot, Sudre a créé la science de la langue universelle, et Bell a perfectionné l'instrument nécessaire pour l'utiliser.

« Ces deux découvertes sont sœurs et doivent s'unir.

« Je suis d'autant plus portée à émettre cette opinion, que l'habitude d'enseigner *la langue universelle* m'a fait rechercher le moyen de la renfermer *tout entière* dans une théorie simple, courte, et *éminemment pratique.*

« Mes efforts ont été, j'ose le dire, couronnés de succès, et je pourrais offrir, dans un seul tableau, toutes les ressources de cette langue.

« Cette théorie pratique est appelée à permettre à tous les peuples de formuler *des millions de phrases* répondant à toutes les idées que renferme la langue de chacun d'eux.

« Je puis affirmer que ce résultat serait facilement obtenu par tous, après quelques jours d'étude. »

TÉLÉPHONE — PHONOGRAPHIE — MICROPHONE AÉROPHONE

I

L'idée d'utiliser le son pour la transmission télégraphique n'appartient d'ailleurs pas en propre à notre époque. Les anciens en avaient fait, paraît-il, quelques essais. Ce qui est certain, c'est qu'au XVIIIe siècle, dans l'intervalle qui s'écoula entre l'invention d'Amontons et celle de Chappe, des expériences furent faites qui obtinrent l'approbation de l'Académie des sciences.

« Le 1er janvier 1782, l'Académie des sciences tenait ses séances au Louvre, lorsqu'on vit entrer, conduit par Condorcet, un moine revêtu de la robe des bénédictins. C'était dom Gauthey, de l'abbaye de Cîteaux. Dans les loisirs du cloître, il avait imaginé un moyen de correspondre entre les lieux éloignés. » Agé de vingt-cinq ans à peine, de taille élevée, d'une grande distinction de manières, il produisit, par son élocution grave et contenue, une grande impression sur ses savants auditeurs.

Son succès ne se borna pas à enlever les suffrages de l'Académie ; la cour et la ville ne s'occupèrent pendant un certain temps que du jeune bénédictin et de sa merveilleuse invention, dont Louis XVI ordonna de faire des expériences publiques.

« Ce système consistait à établir entre des postes successifs des tubes métalliques d'une très grande longueur, à travers lesquels la voix se prolongeait sans perdre sensiblement de son intensité.

« Dom Gauthey affirmait pouvoir transmettre ainsi, dans une heure, un avis à huit cents kilomètres de distance. »

Le premier essai, fait sur une longueur de huit cents mètres, dans un des tuyaux qui conduisaient l'eau à la pompe de Chaillot, justifia pleinement les assertions de l'inventeur, qui sollicita instamment les moyens de poursuivre son expérience sur une plus grande échelle.

« Il proposait de poser des tubes enchâssés les uns dans les autres, de manière à former un tuyau non interrompu, et prétendait, avec trois cents tuyaux de deux kilomètres chacun, faire, en moins d'une heure, parcourir au son une distance de six cents kilomètres. »

Malheureusement ni la cassette particulière du roi, ni le trésor public ne pouvaient faire face, en ce moment-là, à une expérience aussi coûteuse.

Le projet de dom Gauthey fut fort admiré, fort loué ; mais on se réserva de n'y donner suite que plus tard.

Les événements politiques, les bouleversements sociaux qui survinrent, ne tardèrent pas à tourner d'un autre côté l'attention de ceux-là mêmes qui avaient manifesté le plus d'enthousiasme pour la découverte du savant bénédictin, qui, découragé, passa à l'étranger, où il n'eut pas plus de succès.

Les préoccupations du moment n'étaient, sur aucun point du globe, tournées du côté des inventions scientifiques : des questions d'un intérêt plus pressant et plus général s'imposaient à tous les gouvernements et à tous les esprits.

II

Le seul appareil qui retiendra désormais le nom de téléphone, et dont l'application à la transmission des dépêches orales est un fait acquis, est celui de Graham Bell.

« Ce jeune physicien cherchait depuis longtemps le moyen de transmettre à distance non plus le son, mais la voix humaine. La difficulté semblait si grande que la plupart de ceux à qui Bell communiqua son dessein le traitèrent de visionnaire. La parole, en effet, n'est plus le simple son caractérisé uniquement par la vibration des cordes vocales; c'est un son articulé, chose aussi difficile à définir qu'à imiter.

« L'articulation n'est pas un fait simple, mais le résultat très complexe de la rapidité propre de chaque vibration, de ses accidents, de ses variations, de certaines combinaisons vibratoires, c'est-à-dire de vibrations secondaires ou accidentelles se confondant dans la vibration principale et en modifiant la qualité. »

Ce qui frappe surtout dans l'appareil Graham Bell, c'est son étonnante simplicité. Il n'exige même pas l'emploi d'une pile. « Le transmetteur est un simple électro-aimant horizontal porté par une colonne reposant sur un socle de bois, et devant laquelle est tendue une membrane verticale. Au centre de cette membrane est placé un fer doux qui en suit les vibrations ; en avant de la membrane est disposé une sorte de porte-voix destiné à concentrer le son pour accroître les amplitudes des oscillations. L'aimant est enveloppé d'un fer en hélice, dont les extrémités aboutissent à deux bornes métalliques servant à établir la communication avec le récepteur. Quand le son est produit dans le porte-voix, il met en vibration la membrane, et, à chaque oscillation imprimée avec le fer doux, celui-ci développe dans l'aimant un courant induit aussitôt transmis au fil conducteur.

« C'est cette idée d'utiliser le courant induit qui fait toute l'originalité, et explique les effets merveilleux du système de Bell. Le courant induit, en effet, a la propriété particulière d'être proportionné par son intensité à la vitesse de l'armature (ou mieux l'amplitude de l'oscillation) qui le détermine. Or cette vitesse est précisément le résultat, la traduction si l'on veut, de l'intensité du son qui caractérise spécialement les sons vocaux, et que les appareils de Gray et de Reuss étaient incapables de traduire.

6

« Le *récepteur* du téléphone de Bell est plus simple encore que son *transmetteur*. C'est une simple barre enveloppée par le fil et contenue dans un manchon de fer doux, au-dessus duquel est tendue une mince feuille de tôle qui vibre sous l'influence du courant avec une intensité variable, suivant l'extension du courant lui-même. »

C'est à l'occasion du centenaire de l'indépendance américaine qu'eurent lieu les premières expériences du téléphone de Bell.

Nous ne saurions passer sous silence la célèbre conférence faite en février suivant, par M. Bell, à Salem, distant de Boston de trente-deux kilomètres.

Du haut de l'estrade où il avait installé un téléphone mis en communication avec la ligne télégraphique, le jeune inventeur entra en communication avec M. Watson, qui se trouvait à Boston, et le pria de prendre la parole. La voix fut parfaitement entendue, et plusieurs personnes qui connaissaient M. Watson déclarèrent que c'était bien lui qui parlait.

Un artiste joua ensuite d'un orgue installé à Boston, et dont les sons arrivèrent nets et distincts. M. Watson chanta, puis prononça une allocution qui fut vivement applaudie; M. Watson entendit très distinctement les applaudissements, et remercia son auditoire.

Des expériences du même genre se succédèrent avec un succès croissant; la distance entre les points de départ et d'arrivée fut successivement augmentée, et M. Bréguet, dont on est sûr de rencontrer le nom et les travaux en tout ce qui touche à la branche des sciences à laquelle se rattache l'art télégraphique, « dans des expériences dont il communiquait le résultat à l'Académie des sciences, le 29 octobre 1877, a obtenu de très remarquables résultats à une distance de mille kilomètres. »

Toutefois « le téléphone, dont la puissance est ainsi définitivement établie, n'est pas encore sérieusement entré dans la voie des applications pratiques. A peine cite-t-on quelques installations en Amérique, en Angleterre, en Allemagne, et quelques essais en France.

« Le téléphone est-il appelé cependant à rendre de sérieux services ? Pourra-t-il lutter, surtout à grandes distances, avec la télégraphie électrique ? Il est permis d'en douter. Mais il sera précieux pour établir des communications à de faibles distances : dans les galeries des mines, dans les grands établissements d'industrie et d'administration, entre les gares des voies ferrées... En tout cas, et dût-il être abandonné au point de vue de l'utilité pratique, il n'en restera pas moins comme une des conceptions les plus ingénieuses et les plus étonnantes de l'esprit humain. »

III

Parmi les observations et les essais auxquels le téléphone a déjà donné lieu, nous citerons la note suivante de M. de Champvalier, communiquée à l'Académie des sciences en février 1878.

« L'hôtel de l'École d'artillerie, à Clermont, est relié au village de la Fontaine-du-Berger (champ de tir) par un fil télégraphique de quatorze kilomètres ; ce fil passe par le bureau central de Clermont, sans entrer dans ce bureau.

« A cette distance de quatorze kilomètres, un service téléphonique fonctionne parfaitement. Le téléphone employé est le téléphone ordinaire petit modèle. Ce service n'est établi, du reste, qu'à titre d'expérience.

« Également à titre d'expérience, un service téléphonique a été établi entre l'observatoire de Clermont et celui qui est situé au sommet du Puy de Dôme. La distance est de quinze kilomètres. Le fil qui relie ces observatoires est porté par les mêmes poteaux que celui du fil de l'École, depuis le bureau télégraphique central jusqu'au col des Riamaux, c'est-à-dire pendant une longueur de dix kilomètres. Ce fil passe dans l'intérieur du bureau télégraphique central ; la communication téléphonique entre les deux observatoires se fait parfaitement. Ces conditions exceptionnelles nous ont permis de faire quelques observations intéressantes :

« 1° On communique téléphoniquement entre les deux stations de l'École, *même* lorsque des dépêches sont lancées sur les fils voisins par les appareils Morse.

« 2° On entend très distinctement et on lit couramment au son toutes les dépêches qui passent sur des fils voisins du fil de l'École, et même les dépêches qui passent sur des fils séparés de lui par un autre fil. Celles-ci donnent seulement un son beaucoup plus faible.

« 3° Quand on parle, au moyen du téléphone, du sommet du Puy de Dôme à l'observatoire de Clermont, nous entendons très nettement la voix, de manière à en reconnaître le timbre et à distinguer si c'est un homme ou une femme qui parle. Parfois nous pouvons même entendre la dépêche et la comprendre, quand aucun bruit étranger ne vient contrarier l'audition. Ce fait démontre la prodigieuse sensibilité du prodigieux instrument de M. Graham Bell.

« En effet, le fil des observatoires est porté pendant dix kilomètres par les mêmes poteaux que le nôtre; mais il en est séparé par une distance de quatre-vingt-cinq centimètres au moins, car un autre fil, celui de Rochefort, est placé entre ces deux fils sur les mêmes poteaux.

« Ainsi le courant d'induction lancé par le téléphone du sommet du Puy de Dôme peut déterminer un nouveau courant induit sur un fil placé à près d'un mètre de distance. Ce *nouveau* courant induit *suffit* pour déterminer des vibrations *perceptibles* à l'oreille.

« Nous avons remarqué que nous entendions bien plus distinctement les dépêches lancées du Puy de Dôme que celles qui partent de Clermont. Ce fait provient peut-être de la position respective de notre station par rapport aux deux observatoires.

« ... Ajoutons que nous avons mis dans le même circuit sept téléphones, et que sept personnes ont pu entendre la même dépêche, soit Morse, soit téléphonique, et même une dépêche induite téléphoniquement, sans affaiblissement appréciable de l'intensité du son, malgré les résistances occasionnées par les jonctions de fils. Il semble que le nombre d'auditeurs d'une *même* dépêche passant par un *même* fil peut être très considérable, et nous regrettons de n'avoir pas un nombre plus grand de téléphones pour en faire l'expérience. »

IV

A peine venions-nous de retracer ces lignes et de les envoyer à l'impression, que la note suivante nous apportait la nouvelle d'une très utile et très pratique application de la téléphonie aux usages les plus multiples de la vie publique et de la vie privée.

Nous citons textuellement.

Un jeune ingénieur américain, M. Gower, frappé des avantages et de l'avenir du téléphone Bell, résolut, dès l'apparition de celui-ci, de consacrer son temps, son travail, ses recherches, à faire entrer cette précieuse découverte dans la voie pratique. Il est, dès à présent, permis d'affirmer qu'il a réussi dans la tâche qu'il s'était imposée.

Nous ne ferons pas la description scientifique du téléphone perfectionné par M. Gower; nous dirons seulement que la forme primitive de l'embouchure téléphonique a été abandonnée, et que, « sans rien perdre de l'intensité du son, on a pu faire usage de tuyaux acoustiques souples avec leurs embouchures ordinaires, ce qui permet de parler et d'entendre sans se lever de son lit, de sa table, voire même sans quitter son jardin, tandis que le téléphone reste solidement fixé à la place qui lui est destinée; on arrive, en un mot, à toutes les commodités que présente un porte-voix ordinaire.

« Le téléphone Gower fonctionne *sans pile ;* il permet de parler assez haut pour se faire entendre de toute une salle ; il renferme son avertisseur, et, de plus, son mode de fonctionnement est si simple qu'un enfant peut s'en servir.

« Quant à la question pratique, il suffit d'une visite au siège de la société qui vient de se fonder à Paris [1] pour être parfaitement édifié : onze grandes pièces, dont une sert de bureau central, sont déjà aménagées à cet effet. Par une

[1] Rue Neuve-des-Petits-Champs, nº 66.

coïncidence singulière qui mérite d'être notée, ce local était occupé, pendant le siège de Paris, par le photographe Dagron, dont les réductions photographiques de dépêches expédiées par pigeons voyageurs ont rendu de si grands services.

« Après avoir traversé le cabinet des gérants de la société téléphonique Gower, le laboratoire de l'ingénieur, le salon des expériences publiques, les bureaux, nous pénétrons dans la salle des appareils.

« C'est une vaste pièce qui reçoit le jour par quatre grandes fenêtres. Les murailles sont recouvertes de lames de Pichpin. Tout autour de la salle sont établies de petites stalles, séparées les unes des autres par une petite cloison, à chacune desquelles viennent aboutir vingt fils ; un jeune homme, assis sur une espèce de tabouret de piano, se tient prêt, dans chaque salle, à répondre au premier appel.

« Au milieu de la salle, une estrade est destinée à un surveillant, lequel est chargé de contrôler ce qui se passe, et de prendre note des communications au fur et à mesure qu'elles se produisent.

« Au fond, à droite, au-dessus de la cheminée, à l'endroit réservé d'ordinaire à une glace, se trouve un grand tableau carré, partie en métal, partie en bois marqueté. La partie en métal, composée de petites bandes transversales, est percée de trous réguliers, lesquels, au nombre de deux mille cinq cents, servent à établir la communication entre deux abonnés.

« Ce tableau, qui peut être agrandi indéfiniment, est le *commutateur*. Par lui et à l'aide d'une simple cheville en métal, que l'employé chargé de ce service place dans le trou correspondant au numéro de l'abonné avec lequel on veut communiquer, la communication est ouverte.

« Cette conversation est entièrement privée, et ne peut être surprise par les employés de l'administration.

« Dès que l'entretien est terminé, l'abonné n'a qu'à souffler dans l'*avertisseur* ; aussitôt l'employé placé au commutateur enlève la cheville et la communication cesse.

« Pour prévenir qu'on veut communiquer, on souffle dans l'embouchure du tube acoutisque : aussitôt un employé du bureau central s'informe de ce que l'on désire.

« L'orifice de l'embouchure est garni d'un porte-voix destiné à amplifier le son de l'appel, de manière qu'on puisse l'entendre alors même qu'on se trouverait dans une pièce voisine de celle où est installé l'appareil téléphonique.

« Les fils à l'aide desquels on peut correspondre peuvent être indifféremment aériens ou souterrains, et la société du téléphone vient d'obtenir de l'État et de l'administration de la ville de Paris l'autorisation de les faire passer dans les égouts ainsi que sur les toits. Partant du domicile de chaque abonné, ils viennent aboutir à la salle des appareils de la rue Neuve-des-Petits Champs par une large baie pratiquée dans la muraille. Ces fils ou câbles sont recouverts de plomb et accouplés par trois, par quatre, par dix, suivant les besoins, on dirait les tuyaux de nos appareils à gaz ; ils longent les plafonds et les murailles, et vont aboutir vis-à vis les petites stalles.

« Nous avons dit plus haut que les conversations étaient privées : pour éviter toute indiscrétion, les employés n'ont pas les noms des abonnés, mais seulement des numéros correspondants.

« La société peut en ce moment faire fonctionner deux mille lignes, c'est-à-dire servir deux mille clients. Déjà plusieurs centaines de personnes se sont abonnées au téléphone Gower.

« Le téléphone Gower est indispensable à toutes les administrations publiques, aux compagnies de chemins de fer, aux compagnies d'assurance, de transports, maisons de banque, en un mot, à toutes les grandes entreprises financières, industrielles et commerciales. Il est appelé à rendre les plus grands services pour les usages domestiques.

« Au nombre de ses premiers abonnés, la société compte les journaux, des compagnies de chemins de fer, des mines, des charbonnages, etc. Dans quelques jours, c'est par milliers que se feront les inscriptions rue Neuve-des-Petits-Champs. Tout le monde, comme à New-York, à Chicago, voudra avoir son téléphone : le médecin, pour communiquer avec ses malades; le banquier, l'agent de change, pour s'entretenir avec leurs clients; le particulier, pour appeler les pompiers, la police, ses employés, ses domestiques, pour retenir sa place au théâtre; l'ingénieur, pour communiquer de son cabinet avec les ouvriers au fond d'une mine, etc. etc.

« Il nous est impossible d'énumérer les emplois auxquels peut s'adapter le téléphone Gower; ils sont infinis, puisque chaque abonné peut l'approprier à ses affaires, à ses intérêts, à ses besoins, etc. etc.

« Grâce aux capitaux importants mis à leur disposition, les gérants de la société du téléphone Gower sont en mesure de procéder à toutes les installations, et, si nous ne craignions de commettre une indiscrétion, nous dirions qu'ils ont l'intention d'etablir une fabrique spéciale dans laquelle les appareils seront confectionnés sous leurs yeux.

« Maintenant que nous avons décrit l'invention, il serait injuste de ne pas dire un mot de M. Gower. C'est un tout jeune ingénieur américain, qui a conçu son invention en France, et qui, le premier en Amérique, a organisé le système des bureaux centraux.

« La société fondée à Paris, appréciant son mérite à sa juste valeur, lui a confié les importantes fonctions de directeur des services techniques [1]. »

V

Nous croyons ne pouvoir mieux compléter cette étude sur la téléphonie qu'en empruntant la plume d'un des *maîtres,* en ce qui touche aux applications diverses de l'électromagnétisme.

M. Bréguet, dont le nom a pris place plus d'une fois dans les pages qui précèdent, et dont le concours, acquis, on s'en souvient, à la télégraphie aérienne, n'a fait défaut à aucune des phases, à aucun des progrès de la télégra-

[1] Journal *l'Estafette,* nº du 5 octobre 1879.

phie électrique, après avoir, dans un savant article publié par la *Revue des Deux-Mondes*[1], apprécié le système Bell et indiqué plusieurs autres appareils moteurs, ajoute :

« Si le problème de la téléphonie était résolu avec des courants de pile, l'intensité de la voix pourrait bien être supérieure... C'est dans cette direction que doivent se porter maintenant les efforts de ceux qui prétendent faire avancer la question qui nous occupe.

« La télégraphie voltaïque doit remplacer, dans un avenir plus ou moins éloigné, la télégraphie magnéto-électrique. Un Américain, M. Eddison, est le premier qui se soit engagé dans cette voie ; d'autres chercheurs l'y suivent déjà, et les premiers essais sont loin d'être décourageants.

« La découverte de la téléphonie a comblé la seule lacune qui subsistât encore dans la correspondance rapide du télégraphe. Les appareils autographiques de Caselli d'Arlincourt donnent depuis bien des années déjà le moyen de transmettre à distance l'image exacte d'une écriture, le portrait ressemblant d'une personne ; le téléphone reproduit la voix. On est donc aujourd'hui à même de communiquer avec le monde entier de la même façon et dans le même délai qu'il est possible de le faire entre habitants d'une même ville.

« Deux ingénieurs français, MM. Napoli et Marcel Depretz, viennent tout récemment d'imaginer un appareil qui permet non seulement de porter la voix à distance, mais qui rend encore possible d'en conserver la trace pendant un laps de temps quelconque, de sorte qu'un discours prononcé aujourd'hui peut être de nouveau prononcé demain, mais cette fois mécaniquement. La sténographie deviendrait dès lors inutile, puisqu'on aurait le moyen d'emmagasiner la voix humaine avec toutes ses nuances de timbre et d'intonation.

« L'esprit se perd quand on pense qu'à l'aide d'une semblable machine, suffisamment perfectionnée, il eût été possible de conserver fidèlement la manière des grands orateurs, et qu'on pourrait entendre à volonté Démosthène,

[1] 1er janvier 1878.

Cicéron, Bossuet..., sans voir toutefois leurs gestes, leur physionomie, puisque l'appareil qui pourrait conserver la trace d'une scène vivante n'est pas encore réalisé. Mais avons-nous le droit d'affirmer *à priori* l'impossibilité d'une pareille invention en présence des merveilles auxquelles notre siècle a déjà donné le jour? Nous ne le pensons pas. Si demain on trouvait le moyen de ne tenir aucun compte de l'opacité des corps, si un télescope d'un nouveau genre permettait de voir au loin, à travers les mers et les montagnes, et de conserver aux objets d'un tableau la mobilité qu'ils ont possédée pendant une minute, une seconde même, nous nous accoutumerions bien vite à ces prodiges.

« Nos petits-fils les considéreraient comme une chose toute simple, et concevraient avec peine comment leurs pères ont pu vivre dans un tel état de barbarie. Nier d'abord, espérer, s'étonner et oublier : telle est, en effet, la série des impressions par lesquelles passera toujours l'esprit humain ! »

Six mois plus tard, dans la même revue, « M. Bréguet nous annonce que l'appareil capable d'enregistrer la voix humaine, qu'il avait montré comme étant sur le point de faire son apparition, est réalisé.

« C'est à l'Amérique, dit-il, que revient la gloire d'avoir pressenti le premier phonographe, le seul encore pour le moment. »

Thomas Eddison, qui en est l'inventeur, « est peut-être, ajoute-t-il, l'exemple le plus frappant à notre époque d'un physicien prodigieusement fécond qui n'ait jamais tenté de recherches abstraites. Doté d'un riche laboratoire d'études par la *Western-Union telegraph company*, la compagnie télégraphique la plus puissante des États-Unis, il est libre d'entreprendre, sous ces généreux auspices, les expériences les plus coûteuses. Sa subvention est, pour ainsi dire, illimitée. Il dispose donc de moyens matériels inconnus dans nos premières universités européennes. Et c'est à son mérite qu'il doit cette situation exceptionnelle.

« Agé de trente et un ans à peine, Eddison a déjà produit plus que ce qu'on eût été en droit d'attendre d'une réunion d'inventeurs du premier ordre. Sa découverte la plus récente, le phonographe, suffirait largement à illustrer son nom, si ses autres créations ne s'étaient déjà chargées de ce soin... Tout ce qui sort du laboratoire de Menlo-Park est en quelque sorte accompli : comme Pallas sortit tout armée du cerveau de Jupiter, les appareils sortent tout conçus de la tête du jeune inventeur... De ses tâtonnements nous ne savons rien ; il n'a pas le loisir de s'attarder à faire le récit de ses labeurs. Le temps qu'il y consacrerait serait du temps perdu... »

Les journaux américains donnent du jeune et célèbre inventeur le signalement suivant : Taille haute, figure maigre à pommettes saillantes, cou long, ne porte pas la barbe, mais oublie souvent de se raser, bouche expressive, œil vif, profond, ardent, et, — détail caractéristique, paraît-il, — mains sillonnées de veines bleues, saillantes, et doigts frémissants, *qui révèlent une intelligence rare :* tel est Eddison au physique.

Au moral, c'est le plus énergique, le plus persévérant travailleur, le plus infatigable chercheur qu'on puisse imaginer; quand il a la fièvre de l'invention, — et c'est presque constamment le cas, — il passe la nuit, selon l'occasion, au milieu de ses creusets et de ses instruments de physique ou seul dans la forêt. Il semble posséder le privilège de vivre sans dormir; il consacre, assure-t-on, dix-huit heures par jour au travail, et cela depuis plus de dix ans !

De ses nombreuses créations, le phonographe est celle qui lui est la plus chère. Il l'appelle son enfant de prédilection, et il ajoute :

« Il n'en est encore qu'au bégayement; mais je le soignerai, je le ferai grandir, et à son embouchure je placerai une véritable bouche humaine, de laquelle sortira une voix puissante..., une voix capable de dominer les clameurs de l'ouragan... »

Et si maintenant nous nous demandons : A quels usages Eddison destine-t-il son phonographe? « Mon appareil, nous répondra-t-il, peut être employé à apprendre la lecture aux enfants, et, en général, à enseigner sans le secours d'aucun maître une langue parlée quelconque. J'ai déjà cédé à une compagnie le privilège de ce genre d'application. Les phonographes que l'on destine ainsi à suppléer les instituteurs ont reçu préalablement sur une feuille métallique des tracés correspondant à toutes les voyelles, à toutes les diphtongues et toutes les consonnes. Lorsque l'écolier veut entendre comment se prononce une lettre de l'alphabet, la lettre A, par exemple, il presse un bouton sur lequel l'image de cette lettre est figurée, et l'appareil prononce aussitôt le son A. Et ainsi, si les voyageurs qui ont pénétré au sein des nations les moins connues de l'Afrique centrale avaient pu emporter un phonographe avec eux, ils nous auraient présenté à leur retour la collection des divers dialectes de ces peuples. Chaque fois qu'ils se seraient trouvés en présence d'une peuplade nouvelle, il leur aurait été facile, en effet, de faire parler un ou deux individus contre la membrane du phonographe, et de conserver ainsi pour toujours chacune de leurs syllabes. »

« Il est incontestable, interrompt ici M. Bréguet, que, même à l'aide du phonographe actuel, qui ne présente pas la perfection à laquelle il arrivera sûrement, bien des questions de linguistique encore obscures seraient éclaircies. Si ce merveilleux appareil eût existé aux époques auxquelles ces questions se rapportent, nous saurions, par exemple, de quelle manière les Romains prononçaient leur langue, si *dominus* se disait *dominous*. On voit que la phonographie mérite de prendre une place importante dans les études qui touchent à l'ethnographie, à l'histoire.

« C'est un précieux complément de la photographie. L'une parle aux yeux, l'autre à l'oreille, et avec les mêmes garanties de fidélité scrupuleuse. »

« ... Un maître dans l'art de la diction, continue l'inventeur, lira, par exemple, un roman de Dickens devant l'embouchure de mon phonographe, et donnera à chaque phrase, à chaque mot sa juste intonation. Au besoin, pour l'inscription d'un dialogue, un homme sera employé à donner les répliques d'un homme, une femme celles d'une femme, et un enfant celles d'un enfant. Le volume entier pourra n'occuper qu'une surface d'étain de dix pouces carrés. Un procédé galvanoplastique facile à concevoir servira à reproduire des milliers d'exemplaires de ladite feuille, et cela avec l'exactitude la plus absolue. Chacun de ces tirages deviendra un véritable lecteur automatique. Il se fonde en ce moment à New-York une société pour l'exploitation de ce nouveau genre de librairie. N'est-il pas curieux de se représenter une famille rassemblée le soir autour d'un phonographe lecteur? une servante tourne la manivelle du cylindre, et père, mère, enfants, écoutent d'un air recueilli. »

Encore n'est-ce pas tout. « Mon instrument, poursuit Eddison, répétera les romances de la Patti et de Killog; on pourra donc se donner le plaisir d'entendre l'opéra sans sortir de chez soi... Le phonographe n'est pas moins utile et précieux pour le compositeur, à qui il permet de fixer ses improvisations d'une manière durable. Il est de plus en état de fournir des inspirations au compositeur fatigué sans que celui-ci ait à se mettre en frais d'imagination: il chantera des airs connus dans l'embouchure de l'appareil, puis il fera tourner le cylindre au rebours de l'ordinaire, à coup sûr il entendra du nouveau. L'envers de certaines broderies présente parfois des motifs d'ornementation auxquels l'endroit n'aurait pas fait songer; si quelqu'un regarde à l'envers de la musique déjà connue, il y rencontrera probablement des sujets de développement, et peut-être même des sujets tout développés. »

« ...Bien d'autres applications du phonographe moins fantaisistes que les précédentes pourraient s'imaginer facilement; mais il faudrait peut-être attendre les nouveaux perfectionnements que l'ingénieux inventeur ne peut manquer d'ajouter à sa découverte, pour s'abandonner à des rêves si séduisants[1]. »

[1] *Revue des Deux-Mondes*, 1er août 1878.

VI

Complétons cette étude en demandant à un de nos plus habiles électriciens de nous servir de guide.

Nous ne saurions choisir de maître plus compétent en tout ce qui touche aux applications de l'électricité à la science, à l'industrie et même aux usages de la vie domestique.

Le comte du Moncel (Théodore-Achille-Louis), né en 1821, tient de son père, élève de l'École polytechnique, officier du génie des plus distingués, général de brigade, pair de France et savant agronome[1], une aptitude particulière pour les sciences physiques et mathématiques.

Également passionné pour les arts il compléta ses études par des voyages, et parcourut en archéologue et en artiste une partie de l'Europe. Il commença à se faire connaître par la publication, en 1846, d'un magnifique ouvrage intitulé *De Venise à Constantinople à travers la Grèce*, orné de soixante planches et de gravures.

A partir de ce moment, M. du Moncel s'adonne exclusivement aux études scientifiques, et s'occupe particulièrement de l'électricité. Il invente ou perfectionne de nombreux appareils, et c'est à lui qu'on doit « les actes de naturalisation en France », si nous pouvons ainsi parler, des dernières inventions se rapportant à la télégraphie : le téléphone, le phonographe, le microphone et l'aérophone.

Du reste, aucune des applications de l'électricité, soit aux sciences, soit à l'industrie, ne le trouve indifférent, ainsi qu'on peut s'en convaincre par les travaux qu'il a publiés et par les nombreuses notes et communications qu'il a présentées à l'Académie des sciences : aussi retrou-

[1] Né en 1784, mort en 1861. — Le général du Moncel eut, de 1848 à 1861, la direction de la ferme-modèle de Martinvast (Manche).

verons-nous son nom et recourrons-nous de nouveau à ses lumières, lorsque, dans un prochain ouvrage, nous aurons à traiter de l'éclairage électrique.

Ingénieur électricien de l'administration des lignes télégraphiques, et nommé, en décembre 1874, membre libre de l'Académie des sciences, en remplacement de Roulin, M. du Moncel a devant lui encore une longue et utile carrière.

En présentant à l'Académie des sciences le phonographe, M. du Moncel définissait cet appareil, et en expliquait la construction en ces termes :

« Le phonographe de M. Eddison a pour but non seulement d'enregistrer les vibrations déterminées par la voix dans un téléphone, mais encore d'utiliser les traces produites à la reproduction phonique des sons et des paroles qui les ont provoquées.

« Pour obtenir ce résultat, M. Eddison adapte devant un cylindre enregistreur, mis en mouvement d'une manière quelconque, une lame vibrante de téléphone qui porte, par l'intermédiaire d'un support en caoutchouc, une pointe traçante soutenue d'autre part par une lame de ressort qui lui donne la raideur et l'élasticité convenables pour se prêter à la fois à la transmission et à la réception. Le cylindre, dont l'axe est muni d'un pas de vis pour lui faire accomplir un mouvement de translation suivant son axe, en même temps que s'effectue son mouvement de rotation, présente à sa surface une petite rainure hélicoïdale dont le pas est exactement celui de la vis qui fait avancer le cylindre, et la pointe téléphonique, s'y trouvant une fois engagée, peut la parcourir dans toute sa longueur. Une feuille de papier d'étain ou de cuivre très mince est appliquée exactement sur cette surface cylindrique, et doit y être un peu déprimée, afin d'y marquer légèrement la trace de la rainure et de placer convenablement la pointe de la lame de téléphone. Celle-ci d'ailleurs appuie sur cette feuille sous une pression susceptible d'être réglée.

« Quand l'appareil est ainsi disposé, il suffit de parler fortement devant la lame téléphonique et de tourner rapidement le cylindre, pour qu'aussitôt les vibrations de la lame se trouvent enregistrées sur la feuille d'étain par une multitude de petits gaufrages imperceptibles et plus ou moins profonds qui sont distribués tout le long de la rainure. Or ces gaufrages ont un relief suffisant pour que, repassant sous la pointe traçante de la lame téléphonique, ils puissent à leur tour faire vibrer celle-ci, et lui faire reproduire les paroles et les sons qui l'avaient d'abord impressionnée. Ces sons, étant amplifiés au moyen d'une sorte de porte-voix, peuvent être entendus à distance de l'instrument et plus distinctement que dans un téléphone ordinaire... Cette transmission peut être effectuée à grande distance, par l'intermédiaire d'un téléphone électrique, si l'on adapte, à la pointe de la lame téléphonique qui traduit la parole enregistrée, un système de transmission électrique, ou simplement un téléphone ordinaire, pour lequel cette lame téléphonique jouerait le rôle de la voix. »

VII

L'étonnement et l'admiration inspirés par « le clichage de la parole au moyen du phonographe », bien loin de détourner l'attention des améliorations à apporter aux appareils téléphoniques, ont, au contraire, en augmentant l'importance de cet art nouveau, stimulé le zèle des savants et des inventeurs, qui plus que jamais se préoccupent de perfectionner le téléphone.

Au point de vue de l'augmentation des sons produits, bien des essais avaient été faits sans amener de résultats sensiblement supérieurs à ceux obtenus par M. Bell luimême, lorsque, dans le courant de 1878, M. Hugues, l'ingénieux inventeur du télégraphe-imprimeur adopté sur nos lignes de chemins de fer, soumit à l'Académie des sciences un système de transmetteur extrêmement simple, nommé par lui le *microphone*, et grâce auquel les sons les plus faibles peuvent être rendus par le téléphone.

« Ce système, dit M. du Moncel dans sa note à l'Académie des sciences (13 mai 1878), est fondé sur ce principe, que si un contact électrique est établi entre deux corps médiocrement conducteurs, très légèrement appuyés l'un sur l'autre, les sons qui sont produits dans le voisinage de ce contact peuvent être transmis par le téléphone, et si l'on dispose ce contact de manière que l'une des pièces puisse se déplacer avec la plus grande facilité, on en fait un microphone, c'est-à-dire un *amplificateur des sons.*

L'appareil imaginé par M. Hugues d'après cette donnée est si sensible que les battements d'une montre, les plus légers frottements, les mouvements d'une mouche enfermée dans une boîte, la parole exprimée à voix presque basse devant l'appareil et même à une certaine distance, peuvent être perçus dans le téléphone, sans qu'il y ait besoin de l'appliquer contre l'oreille... On entend encore étant éloigné de quarante centimètres. »

« J'ai pu, dit un des expérimentateurs, M. Crookes, entendre distinctement tous les mots d'une lecture quand, étant dans mon salon, mon fils lisait dans le laboratoire, dans un livre, à un pied de distance de l'instrument. En plaçant devant l'appareil une boîte dans laquelle était renfermée une mouche, je pouvais en suivre dans le téléphone tous les mouvements; c'était comme le piétinement d'un cheval.

« Une montre placée sur la planche support de l'appareil donnait un son remarquable; on pouvait entendre le défilement des rouages, les battements du balancier et même le bruit particulier du métal.

« Quelques précautions sont toutefois à prendre pour obtenir de bons résultats. Ainsi l'appareil ne doit pas être posé directement sur la table, pour le soustraire aux vibrations étrangères qui pourraient résulter de mouvements insolites imprimés à la table. La position du crayon de charbon doit être aussi réglée : il doit appuyer sur un point du rebord du trou supérieur. L'expérience indique, du reste, la meilleure position à donner au crayon, soit qu'on veuille atténuer le son, soit qu'on veuille lui faire atteindre son maximum. »

Tout informe qu'elle est encore, cette découverte est évidemment appelée à rendre d'immenses services.

M. du Moncel termine sa note par l'explication suivante, laquelle contient en même temps l'historique et la théorie du microphone.

« Considérant que la lumière et la chaleur peuvent modifier la conductibilité électrique des corps, M. Hugues, dit-il, s'est demandé si des vibrations sonores transmises à un conducteur traversé par un courant ne modifieraient pas aussi cette conductibilité en provoquant des tassements et des écarts des molécules conductrices, qui équivaudraient à des raccourcissements ou à des allongements du conducteur ainsi impressionné. Si cette propriété existait réellement, elle devrait permettre de transporter les sons à distance ; car de ces variations de conductibilité devraient résulter des variations proportionnelles de l'intensité d'un courant agissant sur un téléphone. L'expérience qu'il fit sur un fil métallique tendu ne répondit pas toutefois à son attente ; mais le fil étant venu à se rompre, les deux bouts rapprochés l'un de l'autre lui donnèrent la solution cherchée : les sons se firent entendre, et il devint manifeste pour M. Hugues que les effets qu'il avait prévus et qu'il cherchait ne pouvaient se produire qu'avec un conducteur divisé, et par suite de contacts imparfaits.

« Il rechercha alors quel était le degré de pression le plus convenable à exercer entre les deux bouts rapprochés du fil pour obtenir le maximum d'effet, et pour cela il opéra cette pression à l'aide de poids. Il reconnut que quand elle était légère, les sons étaient reproduits distinctement, mais d'une manière imparfaite ; en modifiant les conditions de l'expérience, il put s'assurer bientôt qu'il n'était pas nécessaire, pour obtenir ce résultat, que les fils fussent réunis bout à bout, et qu'ils pouvaient être placés côte à côte sur une planche, ou même séparés (mais avec addition d'un conducteur posé en croix sur eux), pourvu qu'une pression légère et constante pût les retenir métalliquement.

« Il essaya alors différentes combinaisons de ce genre, et une chaîne d'acier lui fournit d'assez bons résultats ; mais les légères inflexions, c'est-à-dire le timbre de la voix, manquaient... Il essaya alors d'introduire aux points de contact des poudres métalliques... Les effets obtenus furent très supérieurs, mais ils n'étaient pas stables à cause de l'oxydation des contacts. En essayant de résoudre cette difficulté, l'inventeur fut conduit à employer des charbons mercurisés, et à les disposer de façon à ce que « le crayon appelé à fournir les contacts est dans une position tellement voisine de celle de l'équilibre instable, que les moindres vibrations peuvent l'influencer et faire varier la pression très légère qu'il exerce à l'état normal sur le bord du charbon supérieur sur lequel il est posé ». Il en résulte alors un effet analogue à celui qui se produit dans le système d'Eddison, mais avec cette différence que les variations de résistance qui résultent des vibrations sont infiniment plus accentuées que les différences d'amplitude de ces vibrations elles-mêmes, et c'est ce qui produit précisément l'accroissement d'énergie des sons reproduits.

« L'importance de l'effet obtenu dépend aussi, d'après M. Hugues, du nombre et de la perfection des contacts, et c'est sans doute pour cela que certaines positions du crayon sont plus ou moins favorables... M. Hugues prétend avoir pu transmettre par ce système les sons les plus minimes à une distance de plus de cent milles. »

VIII

Le microphone n'est pas le seul appareil qui ait été inventé pour le grossissement des sons dans le téléphone.

L'*aérophone* d'Eddison se propose « d'amplifier la voix humaine de façon à lui faire dominer tous les autres bruits ».

Cet appareil n'est autre chose qu'un téléphone construit de manière à ce que « la membrane vibrante sous l'action de la parole emploie ses vibrations, non pas à gaufrer une feuille d'étain, comme pour le phonographe, mais à ouvrir ou fermer la valve d'un tube sous lequel passe un courant d'air violent, lequel prête son effort aux articulations de la voix humaine... Les premiers essais ont été faits au moyen du souffle d'un homme pourvu de robustes poumons et même par un simple soufflet ».

Mais l'application véritable consistera à employer, au lieu du soufflet, un jet de vapeur, et à transformer ce sifflement aigu de la machine en paroles articulées d'une si grande force qu'on les entendra à cinq ou six kilomètres de distance.

« La locomotive, dit Eddison, annoncera le nom des stations, pourra jeter sur sa route l'indication de l'heure, faire entendre, en un mot, aux régions qu'elle traversera tous les propos que bon semblera au mécanicien... Les hommes causeront entre eux, sur l'Océan, d'un navire à l'autre, et les phares pourront transmettre au loin des avis pendant l'ouragan !... »

Où s'arrêtera le génie de l'invention ?... Quelles merveilles viendront s'ajouter, avant que notre siècle s'achève, aux merveilles dont il a été témoin ?...

Quoi qu'il en soit, notre époque est plus qu'aucune autre favorable aux hardiesses de l'industrie, et jamais aussi nombreux n'ont été ceux à qui peuvent s'appliquer ces paroles, par lesquelles M. Bréguet établit la ligne de démarcation qui sépare celui qui exécute de celui qui a eu l'idée première, l'inventeur proprement dit du véritable savant.

« Heureux hommes, s'écrie-t-il, que ceux qui peuvent arriver aux termes de leurs désirs, aux réalisations d'espérances longtemps caressées ! Cette joie n'est pas réservée au philosophe, au véritable savant. Celui-ci n'a jamais terminé son œuvre, parce que son œuvre est infinie. Il ne peut se dire : La science ne contient plus rien d'obscur. J'ai maintenant tout expliqué; ma tâche est accomplie !

« L'inventeur, lorsqu'il a réalisé chacune de ses conceptions, a chaque fois terminé son œuvre. Semblable en cela aux artistes, le nombre de ses productions ne dépend que de sa volonté, de son imagination et de la promptitude de ses procédés. Il peut de la sorte, dans le cours de son existence, donner à ses contemporains d'éclatants sujets d'admiration. C'est pourquoi inventeurs, artistes, arrivent tant de fois à la renommée de leur vivant. Ils entendent leur nom prononcé par toutes les bouches. Le philosophe ne connaît pas cette jouissance; il ne pense même pas à la rechercher; pour lui, la gloire est trop souvent posthume. C'est quand il n'est plus qu'on sait reconnaître le prix de ses travaux.

« C'est que la vérité, dont il recherche sans relâche toutes les pistes, s'ingénie à prendre les formes les plus variées pour lui échapper. Chaque fois qu'il déchire le voile qui semble le dérober à ses regards, il n'aperçoit qu'un horizon couvert de vapeurs épaisses et dont les dernières limites sont toujours dissimulées.

« Ce que vise l'inventeur est tangible, est matériel; ce que vise le philosophe est dans l'esprit. L'inventeur possède un but, le savant poursuit un idéal [1]. »

[1] *Revue des Deux-Mondes,* 1er août 1878.

FIN

TABLE

12741. — Tours, impr. Mame.

www.ingramcontent.com/pod-product-compliance
Ingram Content Group UK Ltd.
Pitfield, Milton Keynes, MK11 3LW, UK
UKHW020312180726
13839UKWH00001B/448

9 782329 361611